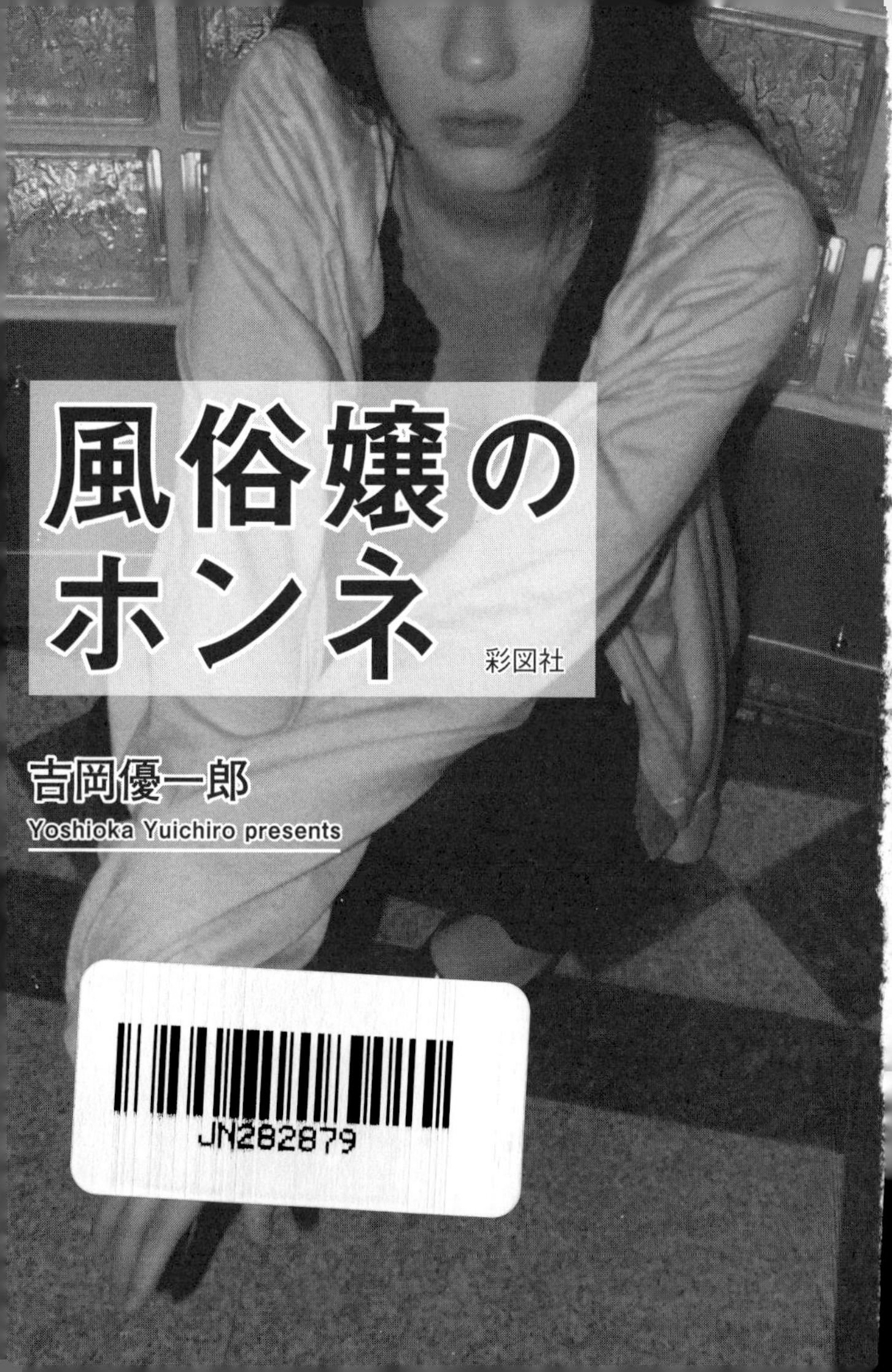

風俗嬢のホンネ

彩図社

吉岡優一郎
Yoshioka Yuichiro presents

はじめに――彼女たちはなぜ、風俗嬢という職業を選んだのか

〝風俗嬢〟という職業について、良いイメージを抱いているという人はあまりいないのではないだろうか。

「何もそんな仕事をしなくても」あるいは「平気で初対面の男に裸を見せるなんてふしだらな女だ」などといった思いは誰もが普通に抱くものであり、また、これらは当然の意見だと言える。


かくいうボクも、ラジオの企画で風俗嬢にインタビューをする機会を得る以前は、彼女たちに対して偏見を持っていた。

しかし、数多くの風俗嬢の話を聞くうちに、ボクの意識はだんだんと変わっていった。なぜなら、風俗嬢という職業を選んだ女の子たちの多くは、それぞれ状況は違えど、葛藤の中で仕事を続けながら、いかに客を満足させるかというプロ意識を持って努力を積み重ねているためだ。


ボクが風俗嬢にインタビューを行うようになったきっかけは、自ら運営している風俗店検索サイト『全国風俗リンクセンター』のコンテンツのひとつとして、2002年に『フーゾクリンクラジオ』というインターネットラジオ番組をスタートさせたことだった。

この番組を通じ、ボクは風俗嬢をはじめとして、風俗店経営者、雇われ店長、コンサル

タントやコーディネーター、風俗マスコミの編集者や記者など、風俗業界に携わるありとあらゆる業種の人物に話を聞いてきた。現在でも番組は続いており、インタビューを行った延べ人数は風俗嬢だけでも200人を超える。

これだけの数の風俗嬢と接してきて、ボクが抱いた率直な感想は、彼女たちはたまたま風俗店で働くことを生業としているだけで、至って普通の女の子たちだということだ。風俗嬢は、決して特別な存在ではない。

ただ、彼女たちの素顔は十人十色である。200人の風俗嬢がいれば、その背景には200通りの物語が存在するのだ。

これらは時に喜劇であったり、時には悲劇であるのだが、それぞれの物語には、彼女たちが風俗という世界に身を置いているそれぞれの事情が潜んでいる。

例えば、風俗嬢の多くは「お金」を風俗入りの理由に挙げているが、なぜお金が必要なのかについては、「単に贅沢がしたいから」「借金を返済するため」「授業料を稼ぐため」「奨学金を返還するため」など、人によって全く事情が異なる。

実際、ボクは、両親が癌になってしまって治療費がかさみ、自分が稼がないと両親が死んでしまうから風俗嬢になったという女の子にも会ったことがある。

「風俗嬢にでもなって一攫千金を」といった軽い気持ちで働く女の子も多いことは否定できないが、一方で、やむを得ぬ事情で大金が必要となり、切羽詰まって風俗業界に入ってくる女の子も少なからず存在するのだ。

むろん、女の子たちの風俗入りの動機は、必ずしもお金に限ったものではない。「業界に興味があったから」「仲のよい友人に誘われたから」あるいは、「エッチが好きだから」というストレートなものもある。育ってきた環境や人間関係などにより、彼女たちの仕事に対する考え方は大きく異なるのだ。

本書は、そんな風俗嬢たちが普段何を考え、何を思っているのかを記し、ひとりでも多くの方に知ってもらいたいという思いで執筆したもので、これまでにボクが出会った風俗嬢の中でも、特に印象に残った11人の女の子をピックアップしたインタビュー集である。

インタビューの中には、彼女たちが普段客前では決して見せない、ベールに包まれた素の部分が満載されている。

彼女たちはどのような生い立ちで、何がきっかけで風俗嬢になり、将来は何を目指しているのか。

風俗嬢の本音の本音を、とくとご覧いただきたい。

風俗嬢のホンネ　目次

みかん

33歳 元ソープ嬢

本番店を選ぶ理由

風俗用語で「本番」とは、「売春行為」のことを指す。わが国においては、売春行為は売春防止法により禁止されており、風俗でやってはならないことの代表格（店の業態や方針にもよるが）でもある。

また、本番は店にとって摘発リスクが高く、女の子にとっても体の負担が大きい。にもかかわらず、なぜ本番風俗を選ぶ女の子が絶えないのであろうか？

ここでは、ヘルスからソープへと自ら身を転じた女の子の話を紹介しよう。

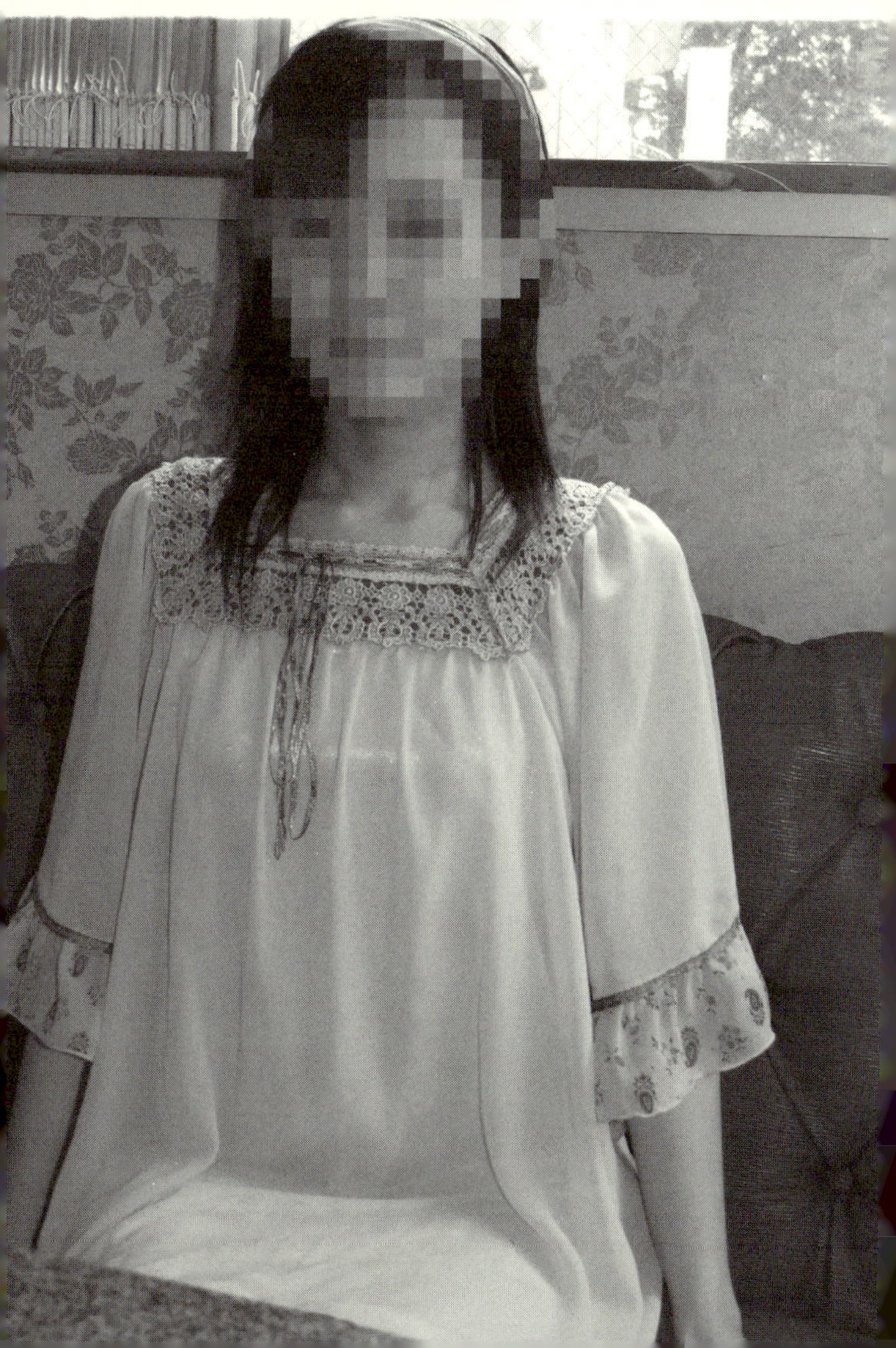

リクルートスーツを着てヘルスの面接へ

2008年2月6日、場所は新宿歌舞伎町にあるトークライブハウス・ロフトプラスワン。この日、ボクはとある風俗系イベントの裏方として呼ばれていたものの、仕事が全くなかったため、客席の一番後ろで同業者と喋りつつ、壇上で繰り広げられる催し物をウイスキー片手に楽しんでいた。

すると突然、後ろから「ご無沙汰しています」という声がかかった。振り返ると、ワンピース姿の細身の美人が笑顔でおじぎをしている。

初めて見る彼女の私服姿に、ボクの目は釘づけになった。

ボクが彼女と会ったのは、大阪でラジオの公開収録をしたとき以来で、2年振りだった。その収録の際、彼女はなぜかひとりメイド服のコスプレをしており、会場に集まった面々を楽しませてくれていた。

そんなことを思い出しながら彼女と話していたボクが、「今度、インタビューに時間を取ってくれないかな」と持ちかけてみたところ、彼女は快諾してくれた。

それから半年後、ボクたちは歌舞伎町のカラオケボックスで待ち合わせ、一面がガラス張りの見晴らしのよい角部屋で、彼女に話を聞くことにした。

彼女の名前は「みかん」という。

彼女がこの世界に入ったのは12年も前の話だが、実際に風俗嬢として働いていた期間は3年程度でさほど長くはない。しかし、短いながらもヘルスで、あるいはソープでと、彼女は熱心に技術を磨いていた。

「もう33歳になっちゃいましたよ。恐ろしいよねえ。でも20代でも通るんですよ。お店の方からも23とか24にしてくださいと頼まれていて。実際の歳を言うと、お店の女の子にもびっくりされるんです。

人妻系のお店にいたときは実年齢をそのまま店年齢にしてたんですけど、私の顔を見たお客さんが若過ぎるって引いちゃうことが結構あって、10歳くらい逆サバ読んでるだろうって言われて。私は、『本当に30超えてますってば！』って言い返して。そういうことが何度もあるんですよね」

確かに、彼女は年齢よりもかなり幼く見え、可愛い。歳を5つごまかしてもまだ相応には見えない。23や24という数字を聞いても、それを実年齢として不審に思わなかった客も少なくないだろう。

——この世界にはどういうきっかけで入ってきたの？

「私は元々大阪の人間なんですよ。ミナミのほうでこの仕事を始めたんです。ちょうどひとり暮らしを始めたころだったんですけど、道を歩いているときにエステの悪徳商法の勧誘に遭いまして、凄く高い契約をさせられたんですよ。それでも私の場合は大分安いほうだったらしいんですけど、収入のないときにいきなり50万という借金を背負っちゃいまして、これはまずいぞと。

私は借金っていうのが嫌いなんですよ。だからすぐに消したいと思って。それで、なんとなく新聞の折り込み広告を見ていたら、『フロアレディ募集』ってのがあって。そのときは飲み屋だと思ったんですけど、『お酒が飲めなくても大丈夫』って書いてあるんですね。しかも時給が5000円。これはおいしいぞっ！　楽して5000円かと思って、行ってみたらなんとピンサロだったんですよ」

――そりゃ飲めなくても大丈夫だよなあ（笑）。でも、5000円という時給はキャバクラでももらい過ぎだからね。風俗かな？　って怪しまなきゃ。それでどうしたの？

「私はなんか真面目なところがあって、来た限りは今日は最後までいようって。終わってから辞めますって言えばいいかなと思って。とりあえずその日にお金がもらえるということだったんで、1日頑張って稼いでみようと」

――よくまあそれで働く気になったねえ。その店は、どんな感じだったの？

「たぶんエアコンの匂いだと思うんですけど、お店に入った瞬間、変な生臭さを感じましたね。で、一番何にびっくりしたかというと、シャワーも浴びてないお客さんのおっぱいを吸ったりオチンチンを舐めたりしなきゃいけないわけなんですよ。

ただでさえ私はその当時ウブだったんで、男性経験もひとりどころか1回しかなかったんですよね。最初のお客さんに指を入れられたときに『処女?』って言われて。男の人のアレを舐めたこともなかったんですよ。

さすがに衝撃を受けて、1日働いてはみましたけど挫折しちゃいましたね。でも、もらえたお金は凄く大きかったんです。私より若い子がそのお店にはいなかったらしくて、体験入店だったのに、写真指名を独占しちゃったんですね。ずーっとお客さんにつきっぱなしになっちゃったから、持って帰ったお金が6万円。

それで、現金をもらってびっくりしたのはしたんですけど、もう辞めるって言っちゃったしと思って辞めました。でも、我慢すればこんな金額が手に入るんだなあって感覚は、そのときに芽生えましたね」

――その感覚が、次の風俗経験へ繋がっていくわけか。その後はどういうお店で働いたの?

「6万円あれば、3ヶ月分のローンは払えるんですよ。だから3ヶ月は風俗はやらなかった。そのころはカラオケ屋の店長をやっていたんです。実際、その収入だけでも充分借金は払っていけるんですけど、1日も早く借金を消したいと思うようになったんですね。

それで、カラオケ屋を辞めて風俗の世界へ飛び込んでみようと思って。当時は飯島愛さんなんかがポンとテレビに出始めた時期だったんで、私もAVに出ようと思ったんです。でも、そのころはそういう知識が全くなくて、AV業界への入り方が分からなかったんですよ。かと言ってソープの存在なんかも知らなかったたし。

そもそも、男の人が関わるものはすべて『風俗』だと思ってたんです。私にとっては、風俗はひとくくりのものでしかなくて、キャバクラも風俗だって思ってました」

――なるほど、AVもヌキも飲み屋も全部風俗だと勘違いしていたんだ。

「そうそう。女の子とお酒を飲むお店も風俗だと思い込んでました。それで、求人広告を見てネーミングが面白い店へ行ってみようと思って、関西の有名なお店へ行ったんですよ。それもリクルートスーツを着て（笑）。

面接に行ったら、そのときの店長に『リクルートスーツを着て風俗店の面接に来る子はいない』って言われて、そういうものなのかと。でも『この子なら真面目に出勤してくれそうだ』と採用してくれましたね」

――そのお店はどんなジャンルのお店？

「普通のヘルスですね。部屋は凄く狭かったんですけど、シャワーがあったので安心しました。最初の店のインパクトが強かったから、その面では楽な気持ちになりましたね。夏になると汗で蒸れるからかもしれないけど、下半身はかなりキツい匂いがするんですよ。だから『洗える』っていうのは大きなポイントでした」

――そのお店にはどれくらいいたの？

「1年半くらいですね。そのお店でメディアに出ちゃったから、とりあえず稼げるだけ稼いじゃおうって思ったんです。ぶっちゃけると、メディアに出るか出ないかで給料が違ったんですよ。お客さんひとりあたりの取り分が1000円くらい違うんで、それなら少しでも多く稼ごうって。他人バレなんて考えずに、お金お金になっちゃっていましたね」

――1回1000円違えば大きいよねえ。ところで、みかんちゃんが出たメディアというのはどんなものだったの？

「大きかったのはテレビですね。神戸のサンテレビの深夜番組とか、風俗系のコーナーのある番組とかに何度も出たんです。そうすると、難波とか梅田を歩いてるときに『みかんちゃんだ』って寄ってこられたりして。

友達と歩いていても、『今度予約取りますから、頑張ってください！』とか言われて、テレビタレントと同じような感覚で声をかけられちゃうんです。だけど、友達は私の仕事を知らないから『あんた一体何をやってるの？』って」

――そりゃ友達は不審がるよね（笑）。周りの人にバレたら困るという意識はなかったの？

「いつかバレるなら出ちゃえって、気楽に考えてましたね。結局友達にはバレちゃったんだけど、『君ならやっていてもおかしくない』って言われちゃいました」

風俗嬢をやっていることがバレることを恐れる女の子は現在のほうが多い。ここ数年では、顔出しを拒否する女の子の割合が特に増加傾向にある。

理由としては、風俗業界が店舗型から出張型へ移行したことで、いわゆる「普通の女の子」が気軽に業界に入りやすくなったことが考えられるだろう。

一方、みかんが風俗嬢を始めたころの風俗店は店舗型が大半で、簡単に業界に入る女の子は多くなかった。したがって、風俗嬢になる子たちはある種の覚悟を持っていたようで、顔出しをする女の子の比率も今ほど低くはなかったのである。

AVに出たくて上京

――それで、その後は？

「顔が知られていない東京へ、逃げてきちゃったんですよね」

みかんは、友人にバレたという現実と、生まれ育った大阪の街を捨てたことを軽く笑い飛ばしてみせた。

「東京に出てきたのは、大阪の街で声をかけられるのが嫌だったってこともあるけど、AVに出たいって理由もあったんですよね。AVの女優さんって綺麗じゃないですか。私も綺麗になりたかったんです。綺麗に飾って、綺麗に映されたいって憧れがずっとあったんですね。でも結局、ルートを知らなかったからAV女優になる方法が分からなくて、求人広告の見方もよく分かりませんでした」

――騙されてAVに出演させられる女の子も多いのに、AVに出たいという女の子が出られないっていうのも、不思議なものだよね。それで、東京の風俗店へはどうやって入ったの？

「街を歩いていたらスカウトされて、それでお店に入りました。今はなき『フィールド』という有名なイメクラです。本格的なお店なんですよ。公園の部屋だとか、監禁の部屋だとか、電車の部屋とかがあるんです。

公園の部屋なんて、草むらがあったりベンチがあったりして、しかも実際に買える自動販売機まであるんですよ。そこの部屋になるとお客さんにおねだりして買ってもらったりできるから嬉しいんですよね。

で、草むらに隠れてエッチなことができるっていう。そういうイメクラが今もあったらいいんですけど、もう二度とあれは作れないでしょうね」

いわゆる「セット」を店内に設置したイメクラは、全国でも数軒しかなかった珍しい店だ。しかし、残念ながら現在ではそのすべてが姿を消した。背景には、景観問題などを理由とした、店舗型風俗店狩りとも言える大規模な摘発がある。

セットが必要となる本格的なイメクラは店舗型風俗店でしか成立し得ない。たび重なる風営法改正や都道府県条例で店舗型風俗店の運営が困難になった今、こうした店は存在できなくなってしまったのだ。

「そこには半年くらいいました。なぜ辞めたかというと、そのころ付き合っていた彼氏（後の夫）が、稼げるようになったんです。それで、自分が風俗をやらなくても亭主が養ってくれる状況になったから、じゃあ辞めようと。

でも、最初は煩わしい彼氏だったんです。お店についてきちゃったりするから、風俗嬢仲間から『ペットちゃんは？』とか言われるようになって。こいつはペット呼ばわりされて悔しくないのか？　って思ってました。

それで、私が怒ったり調教したりして働くようにしつけたら、かなりできる男になって普通よりも給料がもらえる人になったんです。私としては、あんなにダメだった人がこんなに立派になっちゃって、って感慨深いものがありましたね」

――でも、結婚して主婦の座に納まって、10年近く安閑とした生活を送っていたのに、風俗に戻ろうと思ったのはなぜ？

「離婚しようと思ったんです。そう考えたときに、当面の暮らしていけるお金がほしかったんですよね。で、手っ取り早く稼ぐには風俗だと思って。

だけど、風俗から離れて10年経っていたんですけど、戻ってみるとお給料が安くなっているのにびっくりしたんですよ。以前の手取りは1日10万くらいだったんですけど、（風俗に）戻るときに行ったお店の面接で、そんなに稼げないよってはっきり言われました。稼げる子で5万円だって。あのころの半分なんだと思って、ガックリ来ましたね」

風俗が稼げなくなった理由はいくつもある。

客の事情としては、店舗がなくなったため、飲んだ後の勢いで風俗へ繰り出しにくくなったこと、また、風俗サイトや風俗雑誌、スポーツ新聞を使って店の電話番号を調べなければ遊びにくくなったことなどが挙げられる。

風俗店の事情としては、出張系が主流になったため、移動時間がロスになって女の子を客につけられる時間が物理的に減ってしまったこと、店が増え過ぎたことで人気のある女の子が分散し、1軒に来る客の数が減ってしまったこと、不況及びデフレのために客単価が下がってしまったことなどが挙げられる。

これらの複合的な要因が絡み合い、風俗はもはや女の子にとってもお店にとっても、必ずしも稼げる仕事ではなくなってきているのだ。

復帰してからのみかんはひとつの店舗に長く在籍せず、長くても数ヶ月程度であり、一度風俗店を辞めるとしばらくは他の仕事をしてから再び戻ってくるという。

その辺りの事情が気になったボクが理由を尋ねると、これまで、時にははしゃいでしまうほど明るく自分の生き様を話してくれていた彼女の口が突然重くなり、言葉を選び始めた。

もうひとつの顔

「そうですね……やっぱり年齢的なものもあるんですよね。あれ？　このままでいいのかな？　って思っちゃう。33にもなってこのままだとまずいぞって。実は、結婚している間、某銀行で働いていたんですけど、風俗で働くことでそのキャリアが台無しになると思って、派遣でちょこちょこ銀行にも戻っているんです。つい最近も1ヶ月ほど短期で戻っていたんですけどね。だから、今は銀行と風俗とを行ったり来たりなんですよ」

——銀行だったら、風俗をやっていることがバレたら一大事だよね。

「そりゃ、バレたら二度と戻れない」

——銀行はどういうきっかけで働き始めたの？

「前に風俗を辞めていたときに人材派遣で入ったんですけど、派遣されたところがたまたま信託銀行だったんです。そこで金融機関の仕事を覚えたんですね。それがだんだん様になってきちゃって、資格取ってキャリアも積んじゃって。

派遣先は不思議とずっと同じ銀行でしたね。同じ会社の同じ部署。ただ、派遣会社を変えるんです。これもお金の問題ですけど、同じ仕事でも派遣会社を変えることでお給料が違ってくるんですよ。金額が高いほうへ行きたいじゃないですか。だから、派遣会社は変えるけど同じ部署」

——それでもまた風俗に戻ってしまう理由は何？

「やっぱりね、風俗が楽しいんですよ。ぬるいって言っちゃえばそれまでなんですけど、本当に自分に合ってるんでしょうね。正直、どんな嫌なお客さんが来ても楽しいですね。『こんなの来たよ。ネタができた！』って。こんな面白い人が来たってブログにも書ける喜びがある。だから風俗をやめられない。複雑なんですよね」

困ったなという表情になりつつも、みかんはさらに続けた。

「将来のことを考えて銀行に戻ったとしても、正社員にはなれないんですよ。だから戻っても仕方ないという部分もあるんですよね。かと言って、自分で会社を起こすにしても、何の会社を起こせばいいのか分からない。だから今、フラフラしている状態なんですよね」

――今は何の仕事をしているの？

「今はプータローですね。オフ会中毒。今日もこの後ゲームのオフ会へ行くんです」

そう言うと、みかんはカバンの中からＰＳＰを取り出してボクに見せた。現在はヒマさえあればネットゲームのモンスターハンターに興じており、しばらくの間、働く気はないらしい。

――今のところ最後にいたのは、どんなお店だったの？

「１週間だけ体験で人妻ヘルスにいたんですよ。そりゃひどい店でしたね。ソープでもないのにお客さんがヤろうとするんですよ。私、その店の前はソープで半年働いていたから本番自体は嫌いじゃないんだけど、なんかムカっとくるんですよ。

だって、ヘルスって本番をしちゃいけない業種じゃないですか。しかも店舗だったからゴムも置いてない。なのにそのまま挿れてこようとするんですよ。何だこいつ、病気とか恐くないのか？　って。おそらく、その店は日常的にヤってるお店なんだと思うんですよね。そうじゃないと、お客さんも当たり前のように挿れようとはしないと思う。

本来、『絶対本番禁止』で有名なお店なんですよ。だから大丈夫だろうと思っていたんですけど、それでいてこの状況だったら他の店へも行けないぞって思って。もうたぶんヘルスでは働かないですね。ヘルスに行くとしたら、箱（店舗型風俗店）じゃなくてデリヘルにします」

——今までデリヘルの経験はあるの？

「いや、箱しか経験がないんです。私、どんくさいんですよ。デリヘルって女の子がお金の受け渡しをするじゃないですか。私絶対もらい忘れちゃうんじゃないかと思って。それに、私って性欲が強いほうなのか分からないけど、気持ちよくなっちゃうとお金って意識が飛んじゃうんですよね。だから今までデリヘルは避けてたんです」

ノースキンより本番店

——その前は、ソープランドで働いていたんだよね。ソープを選んだきっかけは何だったの？

「衛生面ですね。私、臨床検査技師の専門学校に通ってたんですよ。だから、病気を防ぐ方法とかの勉強は本格的にしていて、ヘルスで直接咥えたり素股をするのって、危険だと感じたんです。

10年経って今さら感じたのかって言われるかもしれないけど、以前やってたときはお口だけ。素股はやってなかった。お口は何でマシかっていうと、唾液って結構強くて細菌とかもかなり排除しちゃうから、健康ならそんなに病気も移らないんです。

だけど、素股は局部と局部が生で触れ合うから、病気のことを考えると危険なんですよ。ソープだったら完全にゴムをつけるし、そもそも素股なんかやる必要がないじゃないですか。直接触れる部分ってのはお口くらいだし、それもヘルスほどはやらないから安全なんですね」

——つまり、本番をしないということよりも、スキンを使うほうを取ったわけだ。

「そうですね。スキンを完全につけなきゃいけない店で働いたほうがいいと思ったんです。だから、NS（ノースキン）表記のあるような生を容認している店は排除して、完全スキン着用の店に絞ってお店を探したんです」

——最初に飛び込んだのはどんなお店？

「吉原ですね。3～4万クラスのお店です」

——それで、手取りは？

「手取りはヘルスだと折半か、それより少ないお店がほとんどなんですけど、ソープだと

6割以上もらえるんですよね」

――ソープは仕事を覚えるまでの講習が大変だよね。どんな感じだったの？

「講習はお店の先輩がしてくれるんですよ。最初はボディ洗いから潜望鏡、そしてマット。マットは最初筋肉痛になりましたけど、楽しかったですよ。それらを1日3、4時間やって、2、3日かけて教えてくれるんです。その間はお客さんにつけない。

教えてくれるお姉さんに授業料を払わなきゃいけないお店が大半なんですけど、私が行ったところはたまたま払わなくていいお店でした。授業料を払うお店だと、3日分でかなりの金額になるから、全くの初心者だとキツいかもしれませんね」

続けて、みかんはヘルスとソープのプレイスタイルの違いを話してくれた。

「ソープって、初心者だと流れが掴めないと思うんですね。そこがヘルスとの違いで、ぶっちゃけ、ヘルスっていうのはお客さんに体を任せてしまってもいい部分があるんですけど、ソープはそうじゃないんですね。

女の子が主導権を握って流れを作る。そこが慣れていないとダメなので、流れの掴み方を教えてもらうんです。お客さんの手をどういうふうに持てば腰を浮かしてくれるとか、細かい技があるんですよ。技術は、ほとんど先輩から脈々と受け継がれてきたものを教わるんですね」

――なるほど。浴室、マット、イス、ベッドと、そういう相伝的に受け継がれた技術を、ボクらはお客さんとして味わうというわけだ。

「女性同士の講習ですから、ベッドは教わらなかったですけどね。恋人とやってるようにやってくださいって。でも、大事なことは教えてもらいましたよ。口でゴムをつけるやり方とか、あれはソープならではじゃないですか。正直私はヘタですけどね。1回じゃつけられない」

——吉原にはどれくらいいたの？

「7ヶ月くらいいましたね。思ったより長かったです。ありがたい話なんですけど、お店が忙し過ぎたんですよ。お客さんとお客さんの間の休憩がないんです。本当にぶっ通し。流れ作業になっちゃって、少しもゆったりできないんです。

90分ず〜っと『お客さんを迎えます』『サービスします』『送ります。そのままお出迎えします』のローテーションで、間がないんですよ。化粧を直す時間もあまりなくて、だんだんスッピンになってくるし。だから、少しは空き時間があるところのほうがいいなと思ってお店を移りました。次は待機時間が長くてもいいから、セカセカしたお店はもう行きたくないですね」

——でも、忙しいお店のほうが稼げるじゃない。お金にこだわりはないの？

「お金に対するこだわりは、もうなくなってきてますね。周りの女の子からは羨ましがられるんですけど、ずっとお客さんにつきっぱなしでそれだけこなすってのは、病んじゃいますよ。他の女の子と会話もできないし、鬱になるとでもいうのかな。お金よりも自分のペースで仕事ができるほうがいいです」

――で、次はどういうお店にしたの？

「川崎ですね。堀之内。半年前までいたところです。個室待機ができるので、そのお店を選びました。少しお店のレベルを上げちゃって5万円のお店。ここは不満も何もない、いいお店でしたね」

――いいお店なのに、何で辞めたの？

ここで、流暢に喋っていたはずのみかんが突然黙り込んでしまった。少し考え込む様子を見せた後、彼女は再び話し始めた。

達成感を得た離婚

「……離婚したんですよ。そしたら、何もやる気がなくなっちゃって。楽しい風俗すら楽しくなくなっちゃって。いろんな面で精神的に落ちちゃったんですね。仕事も何も手につかない状態でしたから」

――離婚しようと思って風俗の世界に帰ってきたのに、いざ離婚してしまったら楽しくなくなっちゃうなんて、皮肉なものだね。

「そう。いざ離婚しちゃうと、目標達成したらなんか……」

――あれ？　喪失感じゃなくて、達成感なの？

「そうそう。達成感。大学入試なんかでもあるじゃないですか。入学したとたんに勉強しなくなるみたいな。それと同じような感じですね。離婚したら目標が消えたみたいな感じで、何もする気が起きなくなっちゃった。お金を貯める理由もなくなっちゃったしね。だから、それ以降は定職にもついてないです。アルバイトはちょこちょことやってますけど」

喪失感ではなく達成感。その意外な答えに、ボクは正直戸惑った。

ただ、確かに私生活でも経験はある。往々にして、男はいつまでも別れた女を引きずり、しばらくの間喪失感に打ちひしがれるが、女はカラッと次の男を見つけられるものだ。思わず、かつて散々ボクを振り回した女たちの顔が一瞬脳裏を横切った。

――みかんちゃんは、ヘルスとソープと両方の経験があるわけだけど、ヘルスとソープではどちらが楽なの？

「精神的な面でも体力面でもソープですね。何が楽って、本番本番っていうお客さんを排除しなくていいっていうのが大きい。デリヘルでヤっちゃう子って、それを断れないんだと思いますよ。

ヤらせろヤらせろってお客さんを受け入れてしまってヤっちゃう。それだったら、最初からソープで働いたほうがいいと思いますね。ソープでちゃんと真面目に働いたほうが、手取りも絶対いいはずですしね。待遇もそっちの店のほうがちゃんとしてるし、体への負担も軽いですもん」

——確かに、時間が短いヘルスよりも、時間が長いソープのほうがこなすお客さんは少ないもんね。当時で1日に何人くらいのお客さんをこなしていたの？

「ソープだとそんなに数はないですよ。少なければ3人。川崎のときで言えば、多くても7人。ただ、7人のときはクタクタになりましたね。腰が砕ける〜って。でも、帰りにもらった金額を見てニッコリして帰りました。18、9万くらい稼いだかな。これくらいの金額になれば、さすがに顔もほころびますね。このご時世でそれだけ稼げるなんてこと、なかなかないですから」

現在では、売れっ子でも1日で10万円を稼ぐ女の子は少ない。それでも、流行っているお店を選び、その中でもある程度客がつくランクに自分をキープすることができれば、風俗はこれだけの金額を手にするだけのチャンスを秘めているのである。

一般社会でセフレは見つからない

——ソープでお客さんとエッチをするわけじゃない。それで、自分の性欲は消化されるものなの？

「消化されるともうお客さんだと思えなくなっちゃうんですよ。今、セフレがいるんですけど、元々ソープのお客さんなんですね。お店だと時間が限られちゃうじゃないですか。それが嫌になってくるんですよね。『もう帰っちゃうの〜』って。何で私が止めてるんだろうと思うんですけど、90分とか120分で帰られちゃうと寂しく感じて、だったら外でって思っちゃう。お金にこだわってないからかもしれませんけど」

——「外で会おう」っていうのは、普通は客の男が言うセリフだよ（笑）。

「そうなんですよね。でもね、世の中に相性の合う人って少ないんですよ。ソープで100人とか200人とか相手しても、ひとりいるかいないか。だから、そういう人を見つけると『お店じゃなくてもいいです！』ってなっちゃうんです」

——そういう人は今何人いるの？

「ひとりだけですね。他にもたまにそういう人はできるんですけど、1回目と2回目とではエッチが違うんですよね。これは風俗に来るお客さんも同じように感じてることだと思います。同じことをしているんだけど、1回目のほうが感動が新鮮じゃないですか。もう一度行ってみると、『前はあれだけ楽しかったのに今日は感動が薄いぞ』みたいな。

それと一緒で、相手は同じことをしているんだけど、『前のほうがインパクトがあったぞ』って感じで続かないんですよね。お試しで終わっちゃう」

——そのお試しの彼は、どうやって見つけるの？

「ルール違反って言われるかもしれないんですけど、元お客さんとか、それ以外ではハプニングバーあたりから拾ってきますね。でも、一般男性ってリードがヘタな人が多くて楽しめないんですよ。ソープで私のほうがリードするってことを覚えちゃったことで、もの足りなさを感じているんでしょうけど」

――今後、風俗に戻るということはあるの？

「たぶん戻るんじゃないですかねえ。でもやっぱり、そろそろ人生について考えようかなとも思うんですよね。稼がせていただいたので、お金には困っていないし。金融機関での経験を生かして投資とかもしてるから、それだけでもお金は回っているんです。お金のために風俗をやることはもうないと思いますね。

だから、もしも風俗に戻るとしたら、セフレ探しのためになるかな。今付き合ってるセフレと別れちゃったら、また風俗に戻るのは間違いないでしょう。だって、一般社会でセックスの相性のいい人なんて見つかりませんよ。もし見つけるためにヤリ倒してたら、そのうち会社をクビになりますからね」

――戻るとしたら、どんなジャンルがいい？

「ソープか、本番アリのデリヘルですね。本番は基本的に楽だからアリのほうがいい。お客さんに本番本番言われたくないっていうのが一番の理由です。ヤらせろってしつこい客を断るのって、女の子からしたら苦痛なんですよ。

しつこい人は本当にしつこいから。『ちょっとだけ』とか、『前の女の子はヤらせてくれた』とか。私はそういうお客さんは怒らせてもいいって思ってますから、『もう二度と来るな!!』って。

本番がしたいなら、できるお店があるんだから、料金もさほど変わらないんだしそっち行けばいいじゃんって思いますね。ソープでも、ヘルス以下の料金のお店も多いですよ。そういう店でも可愛い子はいるし。

私たちの間では『生中《ナマチュー》』って言ってるんですけど、お客が生でオチンチンを挿れたがるのは圧倒的にヘルスです。ソープだとお金がかかるしゴムをつけられるから、ヘルスで生本番を迫ろうって人、結構いるんですよ。こっちからしたら迷惑極まりない。だから、今度やるときにはそういうルール違反をする人が来ないお店で働こうと思っているんです」

カラオケルームのガラス窓から、ボクとみかんはふたり並んで歌舞伎町のビルの群れを見渡した。真下を見れば、7月の猛暑の中を多くの人々が行き交っている。しかし、心なしか、街からは以前の活気が感じられない気がした。

ふと、風俗と歌舞伎町の現況についてみかんが口を開いた。

「10年前に私が本気で稼いでいたころに比べると、風俗店が増え過ぎてますよね。何十倍に増えてるんでしょうね？　昔は限られた数のお店しかないっていう印象で、風俗で働くにしても、選択肢はここまでなかった。店選びも楽だったんですよ。こういうのがやりたいと思えばこの店、って簡単に選べたんですね。

でも、今はお店を選ぶにしても多過ぎるから、自分が働きたい路線のお店を探すのが大変っていうのがありますね。女の子でさえそうなんですから、お客さんがお店を選ぶのだって相当迷うでしょう。

逆に、箱は本当になくなりましたね。この近くでも『新宿女学院』だとか、『ハレンチ』だとか、有名な風俗店がいっぱいあったんですけどね。人気のあったお店も、もう跡形もない。女の子からしても、いいお店が残っていないというのは凄く残念です」

——みかんちゃんの目には、今の新宿歌舞伎町ってどんなふうに映っている？

「魅力ないですね。コマ劇場もなくなるって話じゃないですか。もう、ここどうなるんだろう？　待ち合わせる場所もなくなっちゃう。風俗に限らず、新宿という街が来たいと思える街でなくなってきているのは寂しいですね」

「オフ会に遅れるから、これで失礼します」

そう言って、みかんは人の群れに消えていった。彼女はその後、金融機関への短期派遣をこなしており、風俗の世界へと戻る素振りは見せていない。たまにではあるが、セフレとは楽しいデートを重ねているようだ。

仮に、セフレがみかんの元を去ったとき、果たして彼女は風俗の世界へ帰ってくるのだろうか？　いずれまた話を聞いてみたいと思う。

楓香

23歳
デリバリーイメクラ嬢

みちのくのコスプレ娘

その日のゲストは、ボクの番組に招いた女の子としては最北端となる仙台在住の風俗嬢だった。勤務先はイメクラ。そんな彼女は、プライベートでも中学生のころからコスプレにハマっていたと語った。

趣味と実益を兼ねちゃえ

2004年3月、ボクはいつも利用している広島県福山市のカラオケボックスに来ていた。この日のラジオは3本撮りで、一気に5時間のロングラン収録。ヘロヘロになりながらも「後ひとり」と、ボクは最後の女の子に電話をかけた。

彼女の名前は楓香《ふうか》という。それまでの2本の収録が1時間近く押したというのに、待ちくたびれた素振りも感じさせず、彼女は明るい声で応えてくれた。

「高校のとき放送部だったんで、喋るのは多少慣れてるんですよ」

そう語った楓香は、インタビューが始まるのが待ちきれない様子だった。

――楓香という名前は特徴的だけど、どこから取った名前なの？

「私、スピッツの『楓《かえで》』って曲が好きなんですよ。それで『楓』の文字を使いたくてこの名前を考えたんですよね」

――なるほど。年齢と風俗歴を教えてください。

「歳は23です。風俗歴は全部合わせれば2年くらいですかね。学生のころからやってたんですけど、ちょこっとお休みしてた時期もあったので、ずっとやってたわけでもないんですよ。今のお店で3店舗目になりますね」

――風俗入りするきっかけは何だったの？

「家庭で経済的な問題が発生したんです。それで、このままじゃ専門学校の授業料が払えなくなるからと、風俗情報誌とインターネットで探して最初のお店に入りました。最初のお店からずっと仙台のお店です。

今のお店は新しくオープンしたばかりで、コスプレがいっぱいあるっていうのを聞いたんです。私はプライベートでもよくコスプレをやるんで、趣味と実益を兼ねちゃえ！って」

——プライベートでのコスプレって、どんな服を着るの？

「アニメのキャラとかだったり、フリフリのロリっぽい服を着たりしますね」

——アニメのコスプレというと、ボクは『うる星やつら』のラムちゃんくらいしか思い浮かばないんだけど（笑）、どんなキャラに扮するの？

「さすがにラムちゃんは露出が多いですからやりませんよ。あれで歩いてたら捕まりますね（笑）。私が着るのはガンダムが多いかな。あと、アニメに詳しい人じゃなければ分かんないかもしれないけど、『デ・ジ・キャラット』とかの、フリフリの服を着たりもしています」

——そんなレベルになるとボクはついていけないなあ。最近のアニメが中心なの？

「そうでもないですよ。中学のころからコスプレしてたんです。だから、当時のアニメなんかのも着るし、キャリアも長いんですよ」

当時、彼女が在籍していた店はデリバリーのイメクラだった。女の子がアニメキャラのコスプレをして客の元を訪れ、そのアニメの設定などを生かしてプレイするという内容である。衣装は店が用意するそうだが、彼女が自分で持ち込んだ衣装も多数あったという。

癒しを求める客たち

――コスプレ店ならではのエピソードってあります？

「私がOLさんの衣装でオーダーされたことがあったんですね。それで、シャワーを浴びてバスルームから出たら、お客さんがスーツを着て待っていてくださったんです。これほどイメクラプレイを楽しんでくれるお客さんは、接してて嬉しかったですよ。感動しました」

――イメクラで女の子にコスプレさせることはよくあるけど、自分まで衣装を着ることまではでは、普通しないよねえ。

「あと、これは他の女の子の話ですけど、うちのお店は本格的なウエディングドレスがあるんですよ。それをお客さんのところへ着ていって、『花嫁と父』っていうシチュエーションで、『娘のウエディングドレス姿を見て、こんなに感じてるの？』っていうプレイをしてきたそうですよ（笑）」

この他にも楓香はいくつかのエピソードを話してくれたが、最近のアニメ事情に明るくないボクは、いまいちシチュエーションを理解することができなかった。世の中には様々なマニアがいるものだ。

——風俗に入ったときの、初めてのお客さんって覚えていますか？

「最初のお客さんはよく覚えてますよ。お店の常連さんだったらしくて、『大丈夫だから』って言われて、確かに優しい方だったんですけど、私は凄く緊張してて、肩が直角になるような感じだったんです。流れとかは一応講習で教わったんですけど、『ここで何するんだっけ？』って飛んでるんです。どうしようか迷うってことは今でもあるんですけどね」

——最初に受けたお店の講習はどんな感じだったの？

「ラブホテルに入って、入室するところから全部教えていただくんです。講師は店長さんでした。挨拶やお洋服の脱がせ方まで全部教わりました」

かつての風俗店では、新人に講習を施すのが当たり前であった。なぜなら、素人の性行為とプロの性行為は違うものであるためだ。

マグロ（寝そべっているだけの状態）でも許される恋人とのセックスとは異なり、風俗嬢は基本的に客に対して奉仕する立場にある。一昔前の風俗店の経営者の多くは、自身のすべき仕事を理解する前に、彼女たちを客前に出してはいけないと考えていたのだ。

しかし現在では、講習の代わりに風俗用具メーカーなどが制作した講習ビデオを見せるだけの店や、講習そのものをしていない店が多数派になりつつある。

理由としては、脱サラなどで風俗の仕事を理解せずに開業してしまったために講習の仕方を知らない経営者・スタッフが増加していることや、女の子が講習をセクハラだと認識し、新人講習を行う店を敬遠する傾向が強まったことなどが挙げられる。

とはいえ、最初の店でマナーや技術をしっかりと身につけた女の子のほうが、その後の稼ぎにアドバンテージがあることは言うまでもない。

「最初は素股とか全然分からないから、すべて教えていただきました。できなければお客さんに失礼だからちゃんとしなさいねって、かなり丁寧に教わりました。自信にはなりましたよ」

——それで身についた自慢の技術とかありますか？

「お客さんの背中をオッパイで洗ってあげるんですよ。結構喜んでいただいてます」

——楓香ちゃんが、プレイの中で心がけていることってどんなこと？

「コスプレもひとつの特徴ではあるんですけど、お店のコンセプトが『笑顔』なんですよ。癒しを求めてこられる方がほとんどで、イチャイチャしたいって方が多いんですね。だから、私も笑顔とイチャイチャってのを心がけています」

店舗型風俗からデリバリー風俗への移行により、客の求めるものが変わってきたと指摘する関係者は多い。

店舗型が主流だったころのプレイ時間の単位は30分が最低ラインだったが、デリバリーでは60分を基本とする店が主流になった。この時間延長により、余った時間で女の子に甘えたり、一緒にのんびりお風呂に入ったりなどといった癒しを求める客が増えているのだ。

「お客さんにゆっくりお風呂に入ってもらおうと思って、お仕事のときには、香りの強いいろんな入浴剤を必ず持ち歩いてるんです。お客さんが『今日は疲れてる』って言ったら、『それじゃラベンダーの香りで入ってみる?』とか聞いたりして」

これはインタビューの後に聞いた話だが、楓香は当時からアロマに強い興味を持っており、資格も取ったそうである。そのときどきに適した香りの知識を、風俗の仕事に役立てようと勉強していたようだ。

風俗は心のお薬

――「将来はこういう仕事に就きたい」という夢はある?

「ずっと人と接するお仕事でやっていけたらなって思います。風俗じゃなくても、お客さんを癒してあげられるような仕事にそのうち就きたいですね。特にこれっていうのはないですけど」

――インタビューを通じて、伝えたいことはありますか?

「やっぱり本番を要求してくるお客さんは多いですね。もう、ほとんどのお客さんが言ってくるんですよ。昨日も言われました。『ダメだよ～っ』って言えば皆さん分かってくれるんですけど、気持ちよくなれば本番させるかなと思って、指入れとか激しくされちゃうことがあるんですよね。それで血が出てきちゃって、こないだまでお仕事をお休みしていたんです。やっぱりお客さんにはマナーを守ってほしいですね」

――最後に、楓香ちゃんにとって風俗とは何？

「心のお薬です」

ラジオの収録後、ボクはひとつだけ意地悪な質問をしてみた。

――ついうっかりお客さんと本番しちゃったことはある？

「何回か……。お客さんから本番したいって言われたときに、生理前とかで体が求めてるときがあるの。数えるほどしかやってないですよ。だけど、本番をさせちゃったお客さんが別の子についたときにまた本番を要求するだろうから、お店や他の女の子に申しわけないことをしたって思うんです。だから、もう二度と本番をしようとは思いません」

このインタビューから数ヶ月が経ったある日、『ソープランドに転向したいんです。どこがいいか教えてください』という相談を楓香から受けたボクは、彼女にいくつかのアドバイスをしたが、当時の彼氏の大反対で転向は断念したそうだ。こうしたやり取りが縁となり、ボクと楓香は近況を伝え合う程度に連絡を取り合っていた。

その後楓香は結婚し、住み慣れた仙台を離れ、旦那さんとふたりで東京に移り住んだ。

彼女は、せっかくの東京住まいなので東京の風俗で働いてみたいという意向があるようだが、ご主人の反対で躊躇しているという。

――そりゃ普通亭主は反対するよ。家庭円満を考えれば、ボクも背中を押せないよ。

そう言ったボクに対し、楓香は威勢よく啖呵を切った。

「親が学費を払えないってなったときに、私は風俗嬢になることで専門学校を卒業できたの。今まで私はこれ一本で頑張ってきたんだもん。結婚しようがどうしようが、私のすべては風俗にあるの。

いつまで働けるのかは分からないけれども、私は、一生風俗嬢だと思ってるわ」

ミヤコ

30代半ば
風俗嬢兼ライター

風俗嬢と病気

2007年2月、ある女性から突然ボク宛にメールが届いた。

「京都の風俗で働きながら、副業でライターなどをしております、ミヤコと申します」

彼女はこれまでの風俗嬢としての経験を生かし、風俗求人誌などで連載を持つライターとして活躍する傍ら、STD（性感染症）予防運動にも力を入れているとのことだった。

業界のことを考えて

2007年2月当時、ボクにメールを送ってくれたミヤコなる女性は、エイズ予防財団からの助成金を基に、風俗の客向けの性感染症予防パンフレットの製作に取りかかったところだった。

そんな中、「風俗を訪れるお客さんたちに対して、どうすれば違和感なく有効な情報を伝えられるか」ということについて、ボクにアドバイスを求めてきたのである。

風俗嬢という職業とSTD予防運動を両立する彼女に興味を抱いたボクは、連絡を受けた1ヶ月後の3月半ば、彼女に大阪まで来てもらってインタビューをすることにした。

午前中に待ち合わせたボクたちだったが、その日はあいにくの土砂降り。そこで、ブランチと雨宿りを兼ねて、とりあえず近くのマクドナルドに入って話をすることにした。

「STD予防運動というのはやっぱり、『自分がかかりたくない』っていう、『安心して働ける環境を作りたい』っていう、切実な部分が大きかったんですよ」

そう切り出したミヤコは、自身が手がけてきた性感染症予防のためのパンフレットやグッズを遠慮がちに差し出したのだが、それらの完成度は目を見張るものがあった。もはや、素人の作品ではない。

これだけのものが作れるなら、ボクにアドバイスを求める必要はないのではないだろうか。相談を受ける立場にもかかわらず、正直、ボクの心は劣等感に支配され始めていた。

雨が小降りになったところを見計らい、この日の収録場所として借りていたホテルヘルスの女の子の控え室に移動。暖かく迎えてくれた同店の女性オーナーと共に、改めて彼女から話を聞くことにした。

ボクが最初に尋ねたのは、なぜミヤコはＳＴＤの予防運動を始めようと思ったのか、そのきっかけだった。

「私は風俗を長いことやってきて、今まで苦労してきたので、若い子に情報を渡してあげたいなと思ったんです。それは長くやってきた者の、なんと言うか、務めだろうみたいな（笑）。でも、ひとりひとりに直接教えるというのはさすがに不可能なので、紙媒体ですとか、こういったインタビューのような機会は大事にしています。

この業界に入ったら誰も守ってはくれないので、やっぱり自分の身は自分で守らないといけないし、お金のマネジメントだけじゃなく、人生のマネジメントを全部しなきゃいけないんです。誘惑も多いですからね」

人前で講演をする機会もある彼女は、さすがに喋り慣れているなと思った。話をする表情に自信が満ちあふれている。

風俗を生業としている女の子は見事なまでに二通りに分かれる。一方は、「風俗という仕事に誇りを持ち、堂々と意見を言う子」で、もう一方は、「後ろめたさや罪悪感を引きずりながら、お金のためだけにこの仕事を選んだ子」だ。

ミヤコは前者の典型例なのだろうと感じた。風俗という仕事が本当に大好きで、愛情すら持っているため、本来は業界が被らねばならない責任の一端を自ら担おうとしているのだと思う。

「やっぱりこの業界のことを考えて……。私は風俗という仕事が好きなんですよ。現役からは引退しつつあるんですけど、凄く好きで、病気のことはとても重要だと思っているんです。それは女の子にとっても、お客さんにとっても、お店にとっても重要だと思うんですけど、なかなかＳＴＤの情報は行き渡りません。

確かに、風俗というのは快楽を求めてくる場所なので、病気なんていうマイナスの情報は聞きたくないと思うんですけど、やっぱり考えざるを得ないだろうと。今まで女の子向けの活動とかはちょっとやってきたんですけど、女の子ばっかりに知識をあげても全然焦燥感が高まらない（苦笑）。

お客さんとかお店から『お前、生でやれ！』と言われたら、逆らえないんですよね。ヘルスとかだと、お客さんがつかなくなるわけだから」

――ボクらの世代の人間は口が酸っぱくなるくらい言われてきたことなんだけど、エッチをするときには生でするなとか、結婚して子供を作ってもいい状況になってから生でしなさいとか。でも、今の若い人たちって平気で「彼氏が生じゃないと気持ちよくないから、生でしちゃって子供ができて堕ろしちゃった」とか言ってるよね。

「私も若いときは、全然対策してなかった（笑）。でも、だからこそ『はじめから知っておいたほうがいいよ』と思うんです。今はＨＩＶが凄く大きな問題だし、あまり知られてないけど、Ｂ型肝炎もとても恐いと言われています。

かかるのを完全に阻止するのは難しいんですけど、知識があれば、疑わしいと思ったときに病院に行こうと思う人も増えるでしょう？　だから、ＳＴＤについての情報が広がるだけでも、状況が随分変わるんじゃないかなと思うんですよ」

――今まで女の子向けにしてきたという予防運動はどういうものだったの？

「20代の若い子向けに性感染症日めくりカレンダー。カレンダー形式の、見た目が可愛い性感染症のパンフレットを作りました。あとは、風俗の女の子向けに特化した、性感染症の知識がたっぷり詰まった冊子も。当事者というか、風俗嬢の子にはまだまだ行き渡っていないんですけど、そういうものを作ってきました。苦労もありましたよ。

作った後は『ヤッター』って感じなんですけど、作っているときはスタッフ内で涙あり笑いあり喧嘩あり。ときには険悪になりつつ（笑）。そのときはもう、皆必死で……。他の仕事がままならなくなったりとか、そういうことがいっぱいありましたけど、今となってはいい思い出ですね。モノが実際にできてると人に勧めたりできるから」

――そういったグッズはどうやって配布しているの？

「一応、ｗｅｂでコンタクトできるようにはしているんですけど、配布は正直止まってます（苦笑）」

ボクにも経験があることだが、モノをゼロから作り上げるという作業は、それ自体が困難なうえ、実は作り上げた後にさらなる大変なことが待っている。

それは、「完成品をいかに多くの人々へ配布するか」という問題だ。ミヤコは素晴らしいグッズを完成させたが、やはりこの壁にぶち当たっていたのだろう。それまで明るかった彼女の表情が、この日初めて曇った。

愛すれば愛される

「これからは、グッズを配る対象は女の子だけじゃないぞと。やっぱりお客さんたちも、そういう知識があったほうがいいと思っています。それで、お客さん向けの性感染症パンフレットを作りたいという申請をエイズ予防財団に出したらこれが通りまして、印刷費を出してもらえるということになったので今作っています。このインタビューが放送されるころには、もうできています。『ビッグプレジャーナイトマガジン』という名前で。

ネーミングはいいかどうか分からないですけど、風俗嬢とクライアントを繋ぐ、快楽追求マガジンという触れ込みです」

彼女の行動力は並大抵ではなかった。ボクに助言を求めてコンタクトしてきただけでも勇気がいっただろうに、エイズ予防財団に助成金を求めるなどというのは、普通の風俗嬢が抱く発想ではない。

しかも、このとき彼女が作っていたパンフレットは、性感染症予防の目的があるとはいえ、風俗の客に配布することが前提であるため快楽追求の側面が強い。よくエイズ予防財団を動かしたなと驚くばかりであった。

パンフレットの中身を見ると、客側が欲する情報としては少し弱いかなと感じる部分はあったものの、「手厚いサービスをしてもらうためには女の子に好印象を持ってもらうのが近道」「不潔なお客さんは嫌」「ヘルスで本番を求めるお客さんが多いのにはびっくりした。毎回泣きそうになっている」など、風俗嬢の切実な意見を客に伝えるアイテムとしては、とてもよくできているものだと感心する内容だった。

「風俗嬢はサービスする側だから一生懸命やるのは当たり前だと思うんですけど、サービスというのは、女の子が凄く頑張ったうえで、お客さんにも協力してもらって一緒に作る時間でもあると思うんですよ。『それさえやってくれたらもう、頑張りますよ！』みたいな。

女の子が身だしなみを整えることなんかはもちろん当たり前で、お客さんもそういう気遣いがあればエロいハードルを超えられる、というのは絶対あると思うんですよね。お客さんのちょっとした行動ひとつで『キュン』ってなることもあるし。

お客さん文化っていうのが薄れちゃってるかもしれないですね。なんか古い話ですけど、遊郭のような遊び方とかがなくなって、全体的に世知辛い世の中になってるのかなって」

ミヤコが作ったパンフレットの締めくくりには「愛すれば愛される！」と書かれていた。

確かに最近は、「元を取らなければ損」と言わんばかりの遊び方をする客が増え、乱暴な客や不潔な客、あるいは心ない言葉を浴びせる客のために心を荒廃させる風俗嬢は少なくない。

「愛すれば愛される」という、現在、風俗の世界から失われつつある遊び方を象徴したこの言葉こそが、ミヤコが客に向けて発信したい一番の主張なのだろう。

「本当に大事なのは、女の子もお客さんもちゃんと自己管理をして、常に自分のリスクは自分で負うっていうふうに考えること。そうじゃないと、ＳＴＤは予防できないんですよ。相手が感染症にかかっていたから、それを移されたと思いがち。それは分かります。私もそう思っちゃうから。

でもそうじゃなくて、病気にかからないようにするためにはやっぱり1回1回を大事に、自分の体も相手の体も大事にしようって、お互い思わないと無理なんだなって思いますね」

――今流行ってる病気って、ボクらが性教育で習ったころの病気とは全然違うよね。

「そうですね。今はクラミジアが大流行り。なかなか症状が出ないというのが特徴なんですよ。症状は出ないけど炎症は起こっているんです。放っておくと、女性だと不妊になったり、男性でも炎症がひどくなることもあります。だけど、病気自体は薬を飲めばすぐに治っちゃうんですよ。

ただ、クラミジアにかかったままでいると、炎症が起きているからＨＩＶとか他の病気にかかりやすくなっちゃうんです。それが重要で、クラミジアや淋病自体は騒ぐほどの病気じゃないけど、かかっているともっと大変な病気にかかりやすいということが問題なんです。風俗で遊んでる方たちは、1年に1回でも、リセットしとこうかっていう気持ちで検査に行っていただけるとありがたいですね」

――風俗遊びをする中でＳＴＤにかからない具体的な方法って、どういうものになるの？

「ローションを使って体液と粘膜が触れ合わないようにする素股が、エロかつ安全（笑）。危ないのは、皆さん耳の痛い話だと思うんですけど、生。生本番。これは非常に危険度が高いです。あと、生フェラも実は危ない」

とても力強い口調が印象的だったミヤコに対し、ボクは自身が知り得る限りの知識で、どうすれば活動の幅が広がるかについてのアドバイスをし、インタビューは終了した。

再会

時は流れて2008年9月、ボクは再びミヤコにインタビューする機会に恵まれた。

「引退するつもりもないけど、風俗の仕事がどんどん減ってる」

そう言いながら苦笑いするミヤコは、本人の言葉通り、個人的に月5人程度の客を取っているような状況だという。

久し振りに会ったミヤコは、少し印象が変わっていた。疲れているというか、以前会ったときのような精力的な雰囲気がない。

ミヤコは風俗嬢と並行し、昼の仕事を複数抱えつつ、ライターとして連載もこなしている。多少やつれているのも無理からぬことかもしれない。

もちろん、ＳＴＤ予防運動は相変わらず続けているということで、求められれば出向いて講演も行っているという。この日もボクとミヤコはあれこれと話し、最後に彼女はこう語った。

「年2回だったかな？　去年から、エイズ予防財団が医療従事者向けの研修を始めているんです。医療従事者というのは、私たちがどういうことをしているのか、どういう女の子が働いているのかを知らないわけじゃないですか。もちろん、どんな性感染症予防をしているのかも知らない。

だから、『こんな感じですよ』って、セックスワーカーの当事者が1時間くらい話すんです。私はそこで喋っているんですけど、そこでもっと喋れる子がいたらいいなと思っています。

風俗嬢として人前に立たなきゃいけないというリスクはありますが、私がやってみた感じだと、結構、自分がやってきたことの肯定に繋がるというか……プラスになる経験だと思うんですよね。あんまり風俗って社会的に肯定されないじゃないですか（笑）」

ミヤコが危惧するように、このままではＳＴＤがいずれ風俗業界に対して本格的なダメージを与える日が来ることは間違いないだろう。ヘルスでは生プレイが全盛で、ソープにおいてもＮＳ（ノースキン）を売り物にする店はなくなっていない。

しかし、業界を上げてスキン着用を義務づける地域やＳＴＤ検査に力を入れる店、あるいはフェラチオ専用のスキンを開発するメーカーが現れるなど、皆が皆この問題を無視しているわけではない。

風俗嬢という立場で、当事者として正面からＳＴＤ予防に立ち向かうミヤコのような存在はまだ希少だが、「快楽と安全の両立する社会」という、彼女の目指す方向は数年後には主流になるであろう。

ボクも彼女の活動を今後も大いに支持し、機会があれば力になりたいと思っている。

※ http://sexymountain.com/

COLUMN

風俗嬢とおカネの話

女の子が風俗嬢になる動機は様々だが、中でもやはりダントツに多いのはやはり「お金のため」である。

では、彼女たちは皆お金に関してシビアな感覚を持っており、「お金お金」とがめついのかと問われれば、実際のところ、ボクは全員が全員そうだとは思わない。というのは、取材でカラオケボックスを利用したときなど、こちら側からお願いして来てもらったというのに、「私の分ね」と割り勘分を支払ったり、あるいは飲食店などで「私のほうが稼いでいるから」と、ボクが勘定を支払おうとするのを止めたりする女の子を結構見てきたためだ。

ただ、ほとんどの女の子に共通しているのは、一般人との金銭感覚のずれが大きいということだ。彼女たちはスーパーで手にする商品ひとつにしても、安い目玉商品ではなく高くてもいいものを買う傾向がある。風俗嬢になる前と比べ、外食の回数がかなり増えたという女の子も少なくない。

収入がＯＬなどの数倍になるため、お金の使い方がおかしくなってしまう女の子が多いのだろう。せっかく仲間や常連客に祝福されて風俗店を引退したにもかかわらず、金銭感覚のずれが修正できなかったため、すぐに風俗嬢に戻ってしまうというのはよくある話だ。

風俗は確かにお金になる。では、彼女たちは具体的にどれほどの収入を得ているのだろうか。

まずはソープランドを例に挙げてみよう。ソープランドにおいて、客はフロントで入浴料を、さらに女の子にはサービス料と2段階で料金を支払い、サービス料が女の子の手取り分ということになっている。

ただしこれは建て前で、女の子はこのサービス料の中から「タオル代」「お茶代」など様々な名目の手数料を店に支払い、残った分が本当の手取りということになる。相場は総額の6割程度と言われており、元々のプレイ単価が高いので、女の子の収入もそれなりに高いものになる。

ヘルスの場合では、店と折半というケースが多い。５００円未満は切り捨てになる場合もあり、女の子の取り分は60分で６０００円～８０００円が相場だ。ただ、当然各店の価格設定によって幅はある。

ピンクサロンは基本的に「飲み屋」という建て前のせいか、出勤するだけで時間いくらの保証給が発生し、さらに仕事につけば一本いくらの歩合給も出るという、キャバクラ同様の給与システムを採用する店が多い。働きやすい業種ではないが、出勤すればそれだけで現金を手にすることができるというメリットはある。

このように、風俗は一般的な職種と比較すればはるかに稼げる職業だと言えよう。しかし、10年前に比べると、彼女たちの収入は半分程度になったと指摘する声は多い。以前は1日10万円以上稼ぐ女の子がザラにいたが、最近では、これと同等の収入を得ることは非常に難しくなっている。

店舗型が中心だった時代とは異なり、デリバリー型風俗店が全盛の現在では、移動だけで30分以上かかるのは日常茶飯事で、物理的に何人も客をつけることができない。その分の収入の目減りが大きいのだ。

加えて、現在は風俗業界全体が衰退傾向にある。警察当局による店舗つぶし、そして相次ぐ規制強化により宣伝も打ちづらく、風俗店1店舗あたりの客数は確実に減少している。

ゆえに、それなりに稼いでいる女の子でさえ、坊主（出勤しても1本も仕事がつかないこと）の日が週に1回2回あってもおかしくない。あまり流行っていない店で、しかも固定客のいない子などに至っては、ヘタをすればスーパーでレジ打ちでもしたほうが稼げるのではないかと思えるほどだ。

とはいえ、風俗で大金を得るチャンスが全くなくなったわけではない。たとえ地方の風俗嬢でも、大手の店に在籍し、ナンバーワンクラスなら月に250万は稼ぐことができる。むろん、大都会の人気風俗店であればさらに上を行く女の子もいるだろう。

ただ、そのためには真面目に出勤し、きちんとした接客とサービスを心がけてリピーターを掴まなければならない。他の仕事同様、個々人の努力が必要なのである。

ここで、実際に女の子に聞いた収入にまつわる話をいくつか紹介しよう。

「先月は最高記録を更新しました。初めて70超えましたよ。それまでは50ちょいくらいまではいってたけど、頑張ったかいがありました（岡山・デリヘル嬢）」

「最近は全然ダメ。20～30くらいかな。半年くらい前、急に指名客が続いて60近く稼げた月があったけど、続かなかった（某地方都市・デリヘル嬢）」

「こっちの店で1日の枠がすべて埋まれば手取り11万になるのよ。掛け持ち先との兼ね合いで8日くらいしか出られないんだけど、60は稼がないと割に合わない。でも、私の場合は枠が空いちゃうことがほとんどないから、80は稼いで帰ってるけどね。でも東京の掛け持ち先には客が来ない。坊主もしょっちゅうだからたぶん辞めると思うよ（雄琴《おごと》・ソープ嬢）」

「今年の正月は凄かったよ。大阪へ10日ほど出稼ぎに来たんだけど、30万ももらえたからね。このまま大阪へ移っちゃおうかな（某地方都市・ホテヘル嬢）」

「東京の箱にいたころは軽く１００を超えてたんだけどね。地元に帰ってきたら25くらいにしかならない。私が年取ったってこともあるんでしょうけど（郊外・デリヘル嬢）」

こうしてみると、なかなか皆景気が良いようにも聞こえるが、ここに掲載した風俗嬢たちの言葉はすべてリーマンショック以前のもの。現在では、このうちのほとんどの女の子が極端に収入を下げていることだろう。

ある女の子などは「以前は90分の客が１日４本はついていたのに、今は60分の客がふたりくらいしかつかない」とぼやいていたほどで、景気が戻るまでは女の子たちも当分苦戦が続きそうだ。

また、それとは別に、風俗業界では不思議と2月と8月の売り上げが極端に下がるという傾向が見られる。場合によっては、月収が半分どころか３分の１まで落ち込む女の子もいるようだ。

ともあれ、業界全体がこれだけ衰退している今なお、多くの女性が業界の扉を叩くのは、収入面での魅力に他ならないのだろう。

当然ながら、不景気になれば女性の失業率も上がる。今後しばらくは、風俗業界へ飛び込んでくる女性が増加するかもしれない。

さくら　年齢不明　ソープ嬢

「ハプバー好き」自称変態風俗嬢

岐阜県は金津園《かなづえん》、東海地方でも屈指のソープランド街として賑わうこの街で、かなりの人気を博すソープ嬢がいる。

かつて、ボクは彼女に二度のインタビューを行っており、人気の秘訣を本人に聞いてみたところ、「私が変態だから」と彼女は語った。

これまでの経験上、彼女だけではなく、〝自称変態〟の風俗嬢は多い。しかし実際のところ、彼女たちはあくまで自身のキャラクターとして「変態」を演じているに過ぎず、本当に変態の女の子などほとんどいないというのがボクの感想だ。

だが彼女に関しては、「演じている変態」とは明らかに質が違うとボクは感じた。果たして彼女は本物の変態なのか？　ボクは三度目のインタビューを敢行することにした。

昔の彼氏の趣味がスワッピングだった

２００８年の年末、ボクは名古屋の中心部を訪れていた。トヨタショックの派遣切りなどで一気に不況に陥ってしまった愛知県だが、この日は平日だというのに繁華街は多くの人で賑わいを見せていた。そんな中、栄のバスセンターに隣接する吹き抜けの広場「オアシス21」の地下で、ボクはとある女性を待っていた。

「遅れてごめんなさい。待ちました？」

そう声をかけてきた女性のいでたちが、あまりにも普通だったことにボクは驚いた。というのも、以前ボクが彼女と会ったときには、かなりセクシーな下着姿だったのである。彼女を見て、風俗嬢とはいえ店を離れれば普通の女性であることを、ボクは改めて認識させられた。

――いやいや、全然待ってないよ。こちらこそ、お休みの日だというのにわざわざありがとう。屋上で話をしようか。

こうしてオアシス21の屋上に上ったボクと彼女は、水が流れるオブジェで飾られた庭園のベンチに座り、テレビ塔や観覧車などといった景色に囲まれながらのインタビューを開始した。

彼女の名はさくら（仮名）という。ボクが彼女に話を聞くのは４年前の電話取材、１年前のソープランドのプレイルームでの取材に続いて三度目になる。

この日は時間制限を特に設けておらず、ボクは、「変態」を自称するさくらに関して、過去二度の取材で聞き出せなかった部分を引き出したいと考えていた。

「私がソープ嬢になったきっかけっていうのは、まあ、それなりにお金が必要な事情が生じたってのもあるんですけど、元々スワッピングとかやってた彼氏と付き合っていて、そのときに、別に彼氏とじゃなくてもエッチできるなって気持ちとか、これが商売だったらいくら稼げるんだろう？　って思いがあったんですよ」

――スワッピングパーティは彼氏の趣味で行くようになったの？

「そうですそうです。実は私、テレクラでサクラをやってたんですよ。で、その中にお喋りが面白いお客さんがいまして、たまたまどこかでポイントカードを拾って電話をしてきただけで、元々そこのお客さんじゃなかったそうなんですけど、この人とはもっと喋りたいなぁって思って、それで実際に会うようになって、付き合い始めたんです。

彼は私を口説けば、そういうスワッピングパーティに納得して一緒に行ってくれるって思ってたらしいんですよ」

――自分と似た匂いをさくらちゃんに感じたんだろうね。でも、いきなりスワッピングパーティに行こうって言われて、抵抗はなかったの？

「そりゃありましたよ。『オッケー、行きましょう！』なんてとても言えない（笑）。だけど、デートのたびに彼が『行こう行こう』って言うんですよ。『集まるメンバーは皆いい人だから大丈夫だよ』って。それでも私はなかなかウンって言わなかったんだけど、あまりにもくどいので、『こりゃ1回くらい行かなきゃいけないかな』って思ってついていったのが始まりなんですよね」

——だけど結局、「1回くらい」では終わらなかったわけだ。

「(スワッピングパーティの) 何回目かのときなんだけど、彼氏と他の女性が絡んでいる姿を初めて見たとき、遊び半分で付き合い出した相手だったのに、凄いショックを受けている自分に気づいて、あれ? この気持ち何だ? って思っちゃったんですよね。

そんなに深く想ってないつもりで付き合っていたのに、私はやきもちを焼くほどこの人が好きだったの? って。でもその一方で、自分自身はこういうところで誰とでもエッチができるんだ、とも思って、後にソープに行くときも、抵抗がなくなっちゃってたんですよね」

——スワッピングパーティの魅力というのは、どういう点なの?

「以前の私って、いつもイッた振りをしてたんですよね。でも、スワッピングに参加するようになって、本当にイクことを覚えちゃった。

相手の人が『気持ちいい』とか言ってくれると、こっちの快感になるんですよ。私は自分が気持ちよくなるより、相手の人が興奮しているのを見るほうが好きだから、どんどんと相乗効果で気持ちよくなっちゃうんですよね」

ハプニングバーではレズで裸族って感じです

――プロになった今でも、さくらちゃんはスワッピングに参加しているの？

「今はハプニングバーにハマってるんですよ。私が行っているのは名古屋のお店なんですけど、ノーマルお断りっていうマスターのポリシーがあるので、そこに到達するまでが大変なんです。『変態バーですか？』って質問をしないと、場所を教えてくれない。初めて行くのになかなか言えませんよぉ。

マスターがしっかり目を光らせているので、会話をしたいだけの女の子ひとりでも安心して楽しめるんですけど、それでも『私は変態だ』って自覚がないと行けないですね」

――さくらちゃんの言う「変態」っていうのは、どういう変態なの？

「ワタシはSMのMさんなので、縛られて思いっきりムチで叩かれたいって願望が強いんですよ。ハプバーに行ったらそういう人がお客さんでいるかなと思ったら、たまたまそこにいたカップルさんがそういうことをしてくれて、それでハマっちゃったんですよね。SM以外だと、輪姦系サークルとは今もお付き合いがあるし、以前付き合ってた彼氏とは露出系の撮影とかもやってましたね」

――ハプニングバーというのは、いつもそういった変態の世界が展開されているの？

「いや、それはめったにないですね。普段はお酒を飲んで会話を楽しむだけ。ごくたまに乱交が始まったり、ＳＭやフェチの世界が展開したりってことはあるけど、エッチの話をポンポンする場所ってのが普段の姿かな。でも、生まれたままの格好で皆平気で歩いています。『変態行為をする場所』じゃなくて、『変態が集う場所』と言えば正確かな」

――ということは、「今日はＳＭの日」とか「明日は乱交の日」という予定調和じゃなくて、たまたま集まった人によって何が起きるか分からないし、何も起こらないかもしれないいんだね。

「そうそうそう。何かが起きるとしたらそれはハプニング。だからハプニングバーなんですよ。日によって男女比も雰囲気も全然違いますよ。今日は静かだなあっていう日もあれば、出遅れたかなってこともある。行ってみるとすでに裸族がうろうろしていて、私が裸にならないと挨拶して仲間に入れてもらえないとか。私は裸族で、イタズラ仕掛け屋さんで通ってるので（笑）」

――じゃあ、さくらちゃんはハプニングを起こす側の人なんだ。

「店が盛り上がっていたら何もしないけど、ちょっとつまんないなと思ったときに、ちょっかいを出すんですよ」

――それは、どういうふうにちょっかいを出すの？

「ハプニングバーに慣れてなくて、常連の人たちが固まっている中ポツンとひとりでいる人とか、よく来るけど脱がない人とかに、どうにか皆と溶け込ませてあげようとするのが大好き。さりげなく1枚2枚3枚と脱がせて……いつのまにか何も着てないじゃん！　みたいな。そうすると皆さん仲よくなってくるんですね。自分の殻を取っちゃおうという感じで」

――なるほど。じゃあ逆に、店がすでに暴走気味のときはどうするの？

「あえて自分からは何もしない。そういうときって秩序が乱れやすくなるんです。いくらハプニングバーとはいっても、それなりのマナーってものがあるんですよ。お互いに無理強いはしないとか、自己紹介もしていないのに余計な深入りをしようとするとか、そういうのって一般的な人としてもおかしいじゃないですか。そういうのはNG。だから、今日大丈夫かな？　って見ちゃうほうになっちゃうんですよね」

――さくらちゃんがハプニングバーに行く、最大の目的は何？

「最初のきっかけは、SMの関係にあったSの人との関係が崩れちゃって、もの足りなさを感じたことですね。そのころ輪姦のサークルとかにも参加したんだけど、どうも違うなと自分で感じて。自分が一番求めているものは、やっぱり拘束されてムチで打たれることだったんです」

――さくらちゃんが求めているのは、S寄りとかM寄りとかいうことじゃなく、本当のS

Ｍの世界なんだね。

「そう。だけどワタシはこの業界に入るまでは本当に無知で。今から思えば、ソープじゃなくてＳＭクラブに行くとかいろんな選択肢があったんでしょうけどね」

――さくらちゃんがよく行くハプニングバーは、完全に決まっているの？

「他の店にも行ったんだけど、なんちゃって変態さんが多かったり、自分が『したいしたい』って思っているような人ばかりが集まっているように見えちゃったんですよ。で、さっきも言った通り、私が行ってる店はマスターが厳しい方なんです。『どの人もお客さんだから見せ物じゃない』っていうポリシーを持ってるから、そこが信頼できるんですよね」

――さくらちゃんはお仕事として、いつもそういうことをしているわけだよね。さらに一方でハプニングバーで遊んでいるという状況だけど、仮に、ハプバーで仕事のときと同じシチュエーションになったとしても、ストレス解消というか、はけ口になっているの？

「私は、ハプバーでは男性と1対1になることを避けているんです。だから、女の子にはイタズラをするけど、男とは絡まない女だと思われてる。レズで裸族って感じですね。男性と絡むと、たぶんお仕事モードに入っちゃうんですよ。自分で楽しむために行ってるのに、何で私は相手を喜ばせてるんだ？　ってなっちゃうと思う」

――「仕事馬鹿」になっちゃうんだ。

「どんな仕事をしてもそうなっちゃうんですよ。普通の店員さんをやってたときなんかでも、他の店に行ったときに前出しをしたくなったり、商品を正面に向けたくなったりするんですよね。やりかけて『あ、今仕事じゃないんだ。買い物に来てるんだ』って（笑）」

――典型的な仕事馬鹿だなあ（笑）。損な性格だねえ。

「そうなんですよね」

――でもまあ、ハプバーについてはなんとなく分かってきたような気がする。

「実は私、この後行く予定なんですけど、ご一緒します？」

――えっ？　そんなこと言ったら本当についていくよ。

「だから、本当に行きましょうよ」

そんなさくらの言葉に甘え、このインタビューの終了後、ボクは彼女の行きつけのハプニングバーについていくこととなった。

ソープの技術を学ぶために上京

さて、冬の屋上庭園でのインタビューでさすがに体が冷えてきたため、ボクたちは一旦近くの喫茶店へと移動することにした。セルフサービス形式の店でコーヒーを注文し、席に着いたところでさくらは語り始めた。

「この仕事を始めてもう6、7年なんですけど、あっという間に時間が過ぎちゃって。毎日が淡々と過ぎるから、『あれっ、また今日が終わっちゃった〜っ』って感じ。でも、もっと早くからこの仕事をやっていればよかったって思いますね。

20歳のとき、高速バスの中でたまたま隣に座った年配の方がそういうところでよく遊んでる方で、なぜか話が盛り上がったことがあるんですよ。『今のうちにそういう店で働くっていうのもアリだよ。若い内に稼ぐだけ稼いで、それで好きなことをやるっていうのもいいよ』ってアドバイスを受けたんです。それで風俗の世界に興味は持ったけど、飛び込む勇気はまだなかったんです。だけど、それがずっと頭の片隅にあったんですよね」

――どういういきさつでソープランドという業種を選んだの？

「お金に困ったから、飲み屋さんで働こうと思ったんですよ。それで夜系の求人誌を買ったんですけど、飲み屋さんはほとんど募集がなくて、ヘルス、デリ、それにソープの求人ばかり載ってたんです。それで最初はデリをやってみたんだけど、慌ただしい割にはお金にならない。その後、たまたま今のお店も雑誌に載ってたから面接を受けたんです」

――じゃあ、面接はソープランドだと分かっていて受けたんだ。

「求人誌にはソープとは書いてなかったんですけどね。ただ、お店の住所を見れば一目瞭然みたいな。私は中学2年のときに父親の仕事の都合で岐阜に引っ越してきたんですけど、金津園が学区内だったんですよ。で、先生からは『あの辺りには立ち入ってはいけない』と注意されてたもんで、求人雑誌に書かれてる住所を見て『あっ、あそこだ！』って」

――「立ち入ってはいけない」と言われてた場所で仕事をすることになるというのも、なんだか複雑だね。

「私も、当時はまだこの業種に偏見が残ってましたしねえ。入ったらもう辞められないのかな……とか、ちょっと恐かったです。でも、お金に困ってたからそんなことも言ってられなくて。

　面接に行ったときも、偏見の目があるから『え？　この人実はそういう系（暴力団）の人？』って目で見てて。だけど、どう見てもそんなふうには見えないから、本当はどうなんだろうって思って。入ってみたら全然そんなことはなかったんですけどね」

――ソープの仕事って、風俗初心者にはかなり大変だと思うけど、仕事にはすんなりと馴染めた？

「マットなんてやったことがなかったから、仕事としてちゃんとできるかどうか不安でしたよ。しかも私はど素人なのに、簡単なことしか教えてもらえなかったんです。だから、高級店に通われているようなお客さんたちから、『あなたはマットの講習を受けていないね』って指摘されることもあったんですよね。

　私はそれでいいやで済まされない性格だから、引退された吉原の元ソープ嬢の方が技術を教えてくれるっていうのをインターネットのサイトで見つけて、そこでお願いして東京まで行って習ってきました」

出稽古に行き、自身が持たない様々な技術を学ぶという行為は、実はソープ嬢にはよくある話だ。イス、マット、潜望鏡と、それぞれの局面で完成度の高いサービスが求められる、ソープ嬢ならではのエピソードだと言えるかもしれない。

こうした場合、他地域のソープランドで働きながら講習を受けるケースが多いのだが、さくらが語ったように、引退したソープ嬢が講師として活躍していることもままある。彼女たちが制作した講習ビデオが、実際に教材としていくつかのメーカーから販売されているほどだ。

「自分が働いているお店の近くで教わっちゃうと、同じ地域で働いてる他の女の子と同じようなサービスしか学べないんですよね。だから、遠くに行けば独特なものとかがあるかなと思って、出稽古は他地域へ行ったんですよ」

――ということは、さくらちゃんを指名すれば、金津園の他の女の子とは違うプレイスタイルで遊べるわけだ。

「それはどうだろう。できることに多少の違いはあるかもしれないけど、それを全面に出し過ぎちゃうと、お客さんが他の子にも同じことを要求して迷惑をかけちゃう可能性があるから、あんまり強く押し出せないんですけど」

――多少の違いって、例えば？

「これは習ったことじゃないけど、私のフェラは人と違うらしいんですよ。お客さんに

『ちょっと他の子と違うね』って言われて。私、プライベートではフェラのときに手を使ったことがなかったんです。そこがどうも違うらしいんですよね。だから、最初に大変だったのは手を使うこと。私は手コキがヘタなんですよ。手が疲れて疲れて続けられない」

――逆に、手だけで口をおろそかにしちゃう子もいるよね。確かに、手を使わないほうがうまく感じる（笑）。他にも何か違いはある？

「あとは、ＡＦとかおもちゃとか……コスプレもあるし」

――ＡＦって、アナルファック？

「スワッピングに行ったときに、たまたまお相手した相手の方が上手で、目覚めちゃったんですよ。ローションをいっぱい使って、指１本から順に、徐々にって広げていって、ある程度の太さになったときに『これだったら入るから』って。そんな感じで教えてもらって、やるようになったんです」

アナルファック、コスプレ、バイブ……

――ボクの知っているデリの女の子で、オプション料を稼ぐためにここまで努力するかって感じでＡＦをやっている子がいるんだよね。医療用の麻酔の軟膏まで用意して塗ったりとか。それを知っているから、ボクはＡＦに『禁断のセックス』というイメージを持っているんだよね。

「私の場合はそうではなくて、開発されちゃったって感じかな。快感もありますよ」

——AFの快感というのは、さくらちゃんにとってどういうものなの？

「うーん、前と後ろでは感じ方が微妙に違うんですよ。前のほうだとイッた後ピクピクするし。あっ、でも後ろでもピクピクするか……」

——後ろでもイケると。甲乙つけがたい？

「たまにはお尻も……って感じかな。毎日お肉を食べてて、たまには魚も、みたいな」

——AFって、根元を締めるだけだから快感はないという人もいるけど、前では味わえない締めつけがあるという人もいて、賛否両論の世界じゃない？

「それは、根元まで入れてしまうから根元だけ締まるって話になるわけであって、入れる側が自分の気持ちいい部分に調節して動けばいい話なんですよ。先っぽが気持ちいい人は入り口でチョコチョコと動けばいいし。AFは受け入れる側の問題も大きいけど、入れる側の動きも技術が要求されるんです。それを理解してないから、『根元だけ締めて何がいいんだ？』って話になっちゃう」

——なるほど、男の側にもコツがいるわけね。でも、それをお店でやるの？　そもそも、ソープでAFを求めるようなお客さんっているの？

「多い。３人にひとりくらいいますよ。ソープのお客さんというのは、奥さんや彼女がいらっしゃらない方もいるけど、相手がいるうえで、普通じゃできないことを求めてくる人が多いんです。相手に自分の願望を言いたいけれど、『何言ってんの?』って言われるんじゃないかと思ってしたいことを伝えられない人がソープに来るんですよね」

——非日常的な世界を求めるというわけだ。分かる気もするな。

「コスプレにしても、普段見られない姿が見たいっていう願望でしょうね。着たままプレイがしたいわけじゃなくて、ただ見たいだけって人が多い。おもちゃだって彼女や奥さんには使えないから、こういうところで使いたいんですよね」

——普通はおもちゃなんてソープに置いてないと思うんだけど。

「そうなの？　エッチの延長線上で、お客さんが使いたいとか使いたくないとか出てきますから」

——さくらちゃんは、電動攻撃に抵抗がないほうなの?

「そうですね。ただ、イキ過ぎちゃうとね……入り口が侵入禁止みたいに固くなっちゃうんですよ。それで萎えちゃうお客さんもいるし、それがいいって言うお客さんもいるし」

——仕事中に自分がイクことは平気なんだ。

「うん。何度でもイケちゃう。でも、1日が終わって帰りの車に乗っちゃうと、『あぁ駄目だ』って腰が抜けちゃうんです」

——だけど、コスプレ衣装からおもちゃまで個室に置いてるというのは凄いねえ。おもちゃはどんな種類があるの？

「ローターと、一般的なバイブ。あとは女性が開発したGスポット攻撃用のバイブ、それと、中だけが振動するようなバイブとか……」

――そういうものはお店が支給してくれるの？

「いえいえ、全部自分で持ち込み。自腹で買ったやつばかりですよ」

――そんなソープ嬢の話、聞いたことないよ（笑）。

「でも、自分が気持ちよくなるからって、置いてる子もいるんじゃないかと思うんだけどなあ」

――それだけお金をかけて衣装やおもちゃを持ち込んでるなら、オプション料を相当取らないと割に合わないよね。

「ソープでSMがあったりAFもあるお店もたまにあるけど、そういうお店って、『このオプションはいくら』ってシステムですよね。だけど私は、何でエッチの延長線上でお金を取るの？　と思うんですよ。だから、お客さんから『オプション料は？』ってよく聞かれるんだけど、『そんなのないよ！』って。

SMっぽいプレイのヘルスと本格的なSMを比べても、明確なボーダーラインってないじゃないですか。なんちゃってSMでSっぽいプレイをする人もいるけど、自分がSだってことさえ分かってないし。だから、ボーダーラインがないのにそれを超えたからオプション料っていう感覚がよく分からないんですよね。仮に私がオプション料を取るとしても、どの時点で料金が発生するのかさえ分からない。だから私はＡＦでもおもちゃでも、オプション料を取らないんですよね」

――まるで慈善運動みたいだね（笑）。

この日のインタビューで、ボクは彼女が自称する「変態」の深い部分を垣間見た気がした。ムチで打たれたいという願望を持ち、プライベートでハプニングバーに通い、アナルファックも好きだという女の子などそうそういるものではない。

実際、ボクはさくらの顔がだんだんエロの女神のごとく見えるようになった。彼女の変態振りは、やはりダテではなかったのである。

ハプニングバーに潜入

「そろそろ行きましょう。もうハプバーが開いてる時間だから」

インタビューの終了後、約束通りさくらがボクをハプニングバーに連れていってくれる運びとなった。

喫茶店から15分ほど歩いたところで、ボクとさくらはとある雑居ビルの最上階に着いたのだが、そのドアには看板も表札もなかった。まさか、この扉の向こうで時に乱痴気騒ぎが繰り広げられていようとは、常連客以外は夢にも思わないだろう。

入店すると、靴と上着を脱いだ後にカウンターに通され、座ったところでボクは2枚の書類を渡された。

1枚は「私はこれほどの変態であることを申告しますので、当店への入会を申請します」というもの。そしてもう1枚は「無理強いをしたりなど他客に迷惑をかけないよう、お店の規約を守ります」という誓約書だった。ボクは書類と身分証明書を提出し、水割りを注文した。

水割りを一口飲んだところで、さくらが店内を案内してくれた。カウンター席の後ろにソファのカップル席が2組あり、ソファから壁1枚を隔ててプレイルーム、廊下を挟んでSMルームとシャワールームがある。カウンターから一直線に配置された構造になっていた。

カウンターやカップル席のテーブルの上には、ごく当然のように数個のピンクローターが置かれ、プレイルームにはバイブ数本と電動マッサージ器が、SMルームには磔台《はりつけ》、そしてムチやロウソクが数本あった。

カウンターではエロとは関係なく、スポーツの話題が展開されていた。2時間ほどの間に次々と来客が続く。さくらはボクに「今日はスワッピング嗜好のカップルさんが多いから、何か起きるとしたら、たぶんそっち系のことだと思うよ」と、そっと耳元で教えてくれた。

スワッピング組の女性達は早々に全裸になっていく。さくらはさくらで彼氏と待ち合わせをしていたらしく、彼氏が合流すると、彼女はそこから彼と行動することにしたようだ。ふたりは裏の部屋に消えていき、ボクは孤立してしまった。

ふと左を見ると、カウンターに女の子を座らせながらひざまづいてクンニリングスをしている男性が、ソファには男の膝の上に座らされて股間にピンクローターを当てられ喘いでいる女の子がおり、さらに右では裸族の男女が会話を始めていた。スワッピング組はすでにプレイルームへ移動してしまったようだ。

そんな状況の中、強烈な孤独感を感じてしまったボクは意を決して裸族の元に歩み寄り、着ているものをすべて脱ぎ去って言った。

「仲間に入れてください！」

潜入を終えて

結論から言うと、ボクは裸族の女の子を二度抱いた。

そんな男が言っても説得力に欠けるかもしれないが、ボクがハプニングバーに対して抱いた率直な感想は、「初心者の男性にとって、相当ハードルの高い世界」というものだった。

初めて男性が単独でハプニングバーに乗り込んできた場合、まず誰も声をかけてくれないと考えてよいだろう。何度も何度も通って顔を覚えてもらい、そこでやっと会話が成立するのだ。

というのも、ハプニングバーは、言い換えれば超変態的世界観を守るための閉鎖的空間である。こうした世界観を持ち合わせているのかどうか分からない人物が、当初は警戒されてしまうのもやむを得ないことだと言えよう。

しかし、果たしてエッチもできないまま、安くない料金（ボクが訪れた店の料金は、女性が1000円、カップルが5000円、単独男性が7000円。この他に入会金などが必要）を払って何度もハプニングバーに通うことができるのかと問われれば、それはそれで普通の男性には難しいと思われる。

ハプニングバーにおいて、単独男性が仲間として受け入れられ、プレイに参加させてもらうためには、変態の世界に対してよほど魅力を感じていることが必要なのだ。

仮に、男性がハプニングバーを本気で体験してみたいと思うなら、ボクのようにハプニングバーの常連の女性に連れていってもらうのが近道だろう。さらに欲を言えば、せめて最初の1回だけは、店を出るまで最低限のサポートと遊び方のレクチャーをしてくれるような女性がベストである。

このような女性が見つからないなら、正直、ボクは男性のハプバー遊びを推奨しない。

今回、ボクはたまたまビギナーズラックで楽しむことができたが、このようなことはめったに起こるものではないという雰囲気は察した。単純にエッチが目的であるなら、費用的に考えても、ハプニングバーよりも風俗のほうがお勧めである。

アミ
22歳
本デリ嬢
南国の違法店で働く女

2003年のゴールデンウィーク直前、深夜2時過ぎに突然ボクの電話が鳴った。電話の主は女性である。

渡辺と名乗るこの女性は、沖縄でデリバリーヘルスを経営していると話した。彼女はこれまでビラ主体だった広告をインターネットに移行させたいらしく、ホームページを作ってくれる業者を紹介してほしくて、ボクに連絡をしてきたという。

それならばと、ボクは翌日に友人のウェブデザイナーに話を振り、後は彼に任せることにしたのだが、後にこの依頼は流れてしまう。

その背景には、ある特殊な事情が潜んでいた。

沖縄への電話インタビュー

渡辺さんの依頼にストップをかけたのは、他ならぬ彼女自身だった。ボクが彼女から最初に連絡を受けた1ヶ月後、再び渡辺さんから連絡が入った。

「すみません。警察の動きがあるようで、目立ったことができなくなりました。ホームページの件は見合わせたいと思います」

経営している風俗店がちょんの間などというなら話も分かるが、渡辺さんの店は、きちんと届け出を出したデリバリーヘルス。警察が動くという噂だけでなぜここまで彼女が恐がるのか、ボクはどうも腑に落ちなかった。

それからさらに数ヶ月後、フーゾクリンクラジオの1周年記念特番の収録を行うべく、ボクはスタッフたちと共に京都の友人が運営するスタジオを借りて集まっていた。

せっかくの1周年である。リゾート気分漂う沖縄の風俗を取り上げてみたいと思ったボクは渡辺さんに協力を要請し、彼女の風俗店で働いている女の子を紹介してもらうことにした。

幸いにも渡辺さんがこの依頼を快諾してくれたため、ボクたちは、スタジオから店にいる女の子の携帯に電話をかけてインタビューを行うことにした。

「こんにちは。よろしくお願いします。アミです！」

電話の向こうから聞こえてきたのは元気いっぱいの声。ほんの少し話をしただけで、アミが底抜けに明るい性格の持ち主であることが感じ取れた。

「今、22歳です。身長が150センチで、スリーサイズは86のE、60ぐらい、82か83くらいです」

——この業界に入ってどれくらいになるの？

「だいたい半年くらいなんですけど、今勤めているお店に来てからはまだ1ヶ月くらいですね」

——業界に入ったきっかけは？

「これ、ぶっちゃけトークでいいんですか？　本当にぶっちゃけちゃいますよ。実は、ちと借金がありまして、それを早急に返さなきゃいけないって思ったのがきっかけなんですよ。あんまりこういうの（風俗）に抵抗がなくて、嫌いじゃなかったので楽しく仕事をしています」

——借金はいくらくらいなの？

「総額で結局、400ちょっとだったかな。いろいろと対人絡みで作っちゃったんですよ。詳しくは言いたくないので勘弁してください」

——いつごろ返せそうですか？

「もう全額返しちゃいました。今は目標金額を決めて貯金中です」

　こういう話を聞くと、やはり風俗の世界は凄いと感じる。頑張って稼ぐ女の子ならば、わずか半年で400万円もの借金を返し切ってしまうのだ。

――目標貯金額はいくら？

「600万です」

　半年で400万を返済できたのなら、もう半年ちょっとあれば600万は稼げるだろう。わずか1年強で1000万円。恐ろしい世界である。

　ただ、誤解しないでほしいのは、風俗業界に飛び込めば皆が皆これほどの大金を得られるわけではない。ここまでの金額を稼げるのは、ほんの一握りの人気風俗嬢に限られた話なのだ。

――しかし、たった半年で400万も返したとなると、お給料で遊んだり、ブランド物を買ったりはできなかったんじゃないの？

「そうでもないですよ。ちょこっとは買ってます。ヴィトンが好きなので、少しだけ持ってますよ。お財布みたいな小物をブランド物にするのが好きで、バッグとか、パッと見で目につくものはブランド物を持たないんです。あくまでもブランド物は隠れたおしゃれとして身につけるだけですね。ランジェリーと一緒です」

――じゃあ、ランジェリーもブランド物をつけているんだ。

「いや、実はそれはないんです。サイズを探すのが大変なんですよ。お店を探しても置いてないから、ランジェリーの高級品は持ってません。それよりも香水ですね。『イビザヒッピー』っていう、エスカーダの限定品をつけてるんですよ。ちょっとイチゴの匂いのする、若い女の子に人気のある香水ブランドなんです」

——ということは、その香りを嗅ぎたければアミちゃんを指名すればいいわけだ。

「そうですね。ぜひぜひ指名してください。キャハハハハ」

照れてしまったのか、しばらくアミの笑い声は止まらなかった。

突然の衝撃発言

——アミちゃんは、最初のお店をどうやって見つけたの？

「お友達がそのお店にいて、それくらいの借金だったら結構早めに返せるよって言うから、私もやろうかなと思ったんですよ。で、やってみたら普通に楽しかったんで、『あ、こんなもんか』みたいな感じですね」

——今のお店に移った理由は何？

「前のお店で仲よくなった子が移動しちゃったから、私も追いかけてきちゃいました。単純に友達関係が理由ですね。働きやすい理由って、周りの友達とかもあると思うんですよ。それで一緒に移動しました」

得意の〝ぶっちゃけトーク〟で、時には笑い飛ばしながら、アミはあれこれと話してくれた。

ただ、ぶっちゃけの度が過ぎて、この後にあわや放送事故になりかねない発言が飛び出そうとは、ボクもさすがに予想できていなかった。

――アミちゃんが現在在籍しているこのお店の特徴は、どのような点ですか？

「いろんなコースというか、システムがあって、お客さんの要望に応えることができるんですよ」

――それは、具体的にどんな要望？

「例えば、デリヘルっていうのは、デリバリーでヘルスのサービスをするわけですよね。だけどそれにプラスして、本当にちょこっとしか料金は変わらないんですけど、それで最後までできますよってコースを選んでもらってますね」

ちょっと待ってくれ！　こんなもの放送できるか！　1周年記念特番が台無しになっては困ると、ボクは慌てて録音を止めた。

オーナーの渡辺さんが警察の動きを察知し、ホームページの作成を中止した理由を、ボクはこのときやっと理解した。

当局をその気にさせれば、いつメスが入るか分かったものではない。摘発のリスクが高まることを避けたかったのだろう。ここからは、放送をしなかったインタビューの続きである。

「うちのお店は60分1・2万円でヘルス、1・5万円で本番です。私はヘルスコースで入ったことがないんです」

——本番だと知っていてこのお店に入ったの?

「知ってました。私が初めて入った風俗のお店も本番主体のお店だったんですよ。そのときは30分単位とかで、1日に30人以上も相手してました。私にとっては、ヘルスみたいに口や手でやるよりも、本番のほうが全然楽なんですよね。

私、チンコの匂いがダメで、咥えられない。だから、ゴムをして中に出してもらうっていうスタイルのほうが好きで、できれば本番のお店のほうがいいねって、友達とお店を探したんです」

後に分かったことだが、沖縄は他地域に比べて本番風俗の勢力が強いようだ。その秘密は料金の安さによるものと思われる。

例えば、アミの店にしても1・5万円と本番料金としては安く、いわゆるちょんの間と呼ばれる店に至っては、15分単位で5000円から遊べるなど、本番店の料金としては他地域の比ではない安値である。

とはいえ、他方では法律を遵守して経営している風俗店も多数存在するので、沖縄の風俗店で遊ぶ際には、どのようなシステムなのかをホームページや地元風俗誌でよく調べるか、あるいは直接店に問い合わせてみるとよいだろう。

プロになるなら風俗業界のプロに

しばらくの休憩を挟み、再びインタビューを仕切り直すことにした。

——今までの6ヶ月の中で、一番よかったお客さんってどんな人でした？

「私の話を笑って聞いてくれるお客さんが嬉しいですね。私もお客さんのお話を楽しく聞きたい。プレイをしている時間帯じゃなくて、その前後で楽しく接してくださるお客さんが印象に残りますね」

——逆に、嫌だったお客さんは？

「ルールを守らない人です！」

——えっ？　でも、このお店は元々本番がアリだから強要とかはないよね。ルールっていうのは何？

「お帽子を外してしまう方ですね。安全ヘルメットはちゃんと被ってもらわないとダメです」

——なるほど。そういうわけか。セックスにおけるセーフティネット、コンドームは必ずつけないとね。ところで、アミちゃんはこの仕事に抵抗感がなかったということだけど、エッチ自体は好きなほうなの？

「エッチが特別好きってわけでもないけど、興味はかなり強いほうですね。私、子供のころからマセてたんですよ。初めてキスをしたのが小学校6年生。相手は私が好きな同級生の男の子で、私のほうからしたんですよ。エッチも中学2年生でヤリかけましたからね」

――ヤリかけた？　ヤったわけじゃないんだ。

「そう。ヤったわけじゃないですけど、ヤリかけたんです（笑）。私は別に好きな人がいたんですけど、私のことを好きだった先輩が学校の校門の前で待ってたから、ふたりで話をしてたら、突然『触らせてくれ』って言われて、つい勢いで『いいよ』って言っちゃったんです。

　でも、普通は制服の上からタッチされるくらいだって思うじゃないですか。なのに、制服の中に手を入れられて、直接触られてパンティをずらされて。入れようとするんですよ。それで私も『もういいや』って覚悟を決めたんだけど、あまりの痛さに泣き出しちゃって、そこでストップしちゃいました。だけど、それが縁なのか、しばらくその人と付き合っちゃうんですよね」

――付き合ったということは、いずれはその人とエッチもあったの？

「いや、しなかったですね。エッチに興味はあったんですけど、トラウマになっちゃってできなかった。その代わり、しばらくしてからオナニーを覚えたんですよ。学校の階段の手すりが長くて、またがって滑って降りるって遊びを皆でしてたんです。そしたら『あれっ？』みたいな感じになって。『なんかおかしいぞ？』って。

　それからは学校ではアレなんで、家の階段の手すりでやるようになって。エッチをしなくても手すりで充分だったから（笑）、そのときはあえてエッチをしようとは思わなかったですね」

――オナニーで性欲が満たされちゃったわけか。

「そうそう。だから実際にエッチをするようになったのは高校に入ってから、次の人と」

――手すりを卒業して、やっと男性相手に快感を感じたと（笑）。

「いや、それは卒業しませんでした。相手のほうがしたいっていうから、ボランティアっていう感じで、エッチで快感は感じてなかったですね。性欲の掃け口は、あくまでも手すり（笑）」

――ハハハ。それでは、ここで話題を変えましょう。アミちゃんは、何か趣味とかはありますか？

「音楽が趣味なんですよ。ジャンルはレゲエで、自分でも演奏するんです。こっちでの活動も大きいですよ。何度もステージ踏んでますし」

――ステージを何度も踏んでるってことは、なかなかの実力者じゃない。

「元々はクラシックをやってたんですよ。ピアノを本格的にやってます。３歳からずっと習ってるんですよ。だからバイエルはほとんど弾けますね」

――へえ、結構凄いんだ。

「一度、オーストリアのウィーンに行ってみたいんですよね。音楽の都って言われてるじゃないですか。そういうところへ行って、本格的に勉強してみたいですね」

――これからも音楽の勉強をしていきたいと思っているんだ。

「はい。音楽方面でも、自分なりの目標があるので、それを達成してみたいっていう夢があります」

――可能なら、将来プロになりたいとか?

「いや、ならない。もしプロになるのなら、この業界でプロになります。ハハハ」

そう言って、最後にアミは笑った。


ハラハラさせられたインタビューを終えてから3ヶ月後、ボクはアミと一度だけ電話で話す機会があったが、その後の彼女の消息は分からない。彼女が在籍した店は現在は存在せず、オーナーである渡辺さんとも音信不通の状態だ。

もっとも、渡辺さんは風俗店経営と並行して貿易の仕事も行っており、頻繁に東南アジアへ商品の買い付けに行くと話していたので、今もなお海外を飛び回っているのかもしれない。

インタビューから5年、アミは今も風俗と音楽の世界で頑張っているのだろうか。今後何らかの機会があれば、ぜひもう一度話を聞いてみたい女の子である。

佐々木さん

出会い系？　画期的なデリヘル

30代後半
風俗嬢兼経営者

通常、デリバリーヘルスとは、雑誌やネットの広告を見た客が店に電話をかけてオーダーが成立し、運転手が女の子を客の元へ送り届けることでサービスが始まる。

最近では、女の子が自力で客が待つ家やホテルに出向くことでバック率（女の子の手取り）を高める店も出現し始めているが、そんな中、店側のコストを極限までそぎ落とすことで、驚異のバック率を生み出した女性経営者が大阪にいた。

プレイングマネージャー

２００４年8月、場所は大阪梅田・阪急東通のカラオケボックスでインタビューは行われた。

「今回はこのようなチャンスをいただきましてありがとうございます」部屋に現れた女性は、そう言いながら深々と頭を下げた。彼女の名前は佐々木さん（仮名）という。

佐々木さんは「恋妻（仮名）」という風俗店を経営しつつ、オーナーという地位を隠して自らも同店に風俗嬢として登録している。言ってみれば、プレイングマネージャーというわけだ。

実はこの日、佐々木さんは店のナンバーワンの女の子を連れてきており、彼女はあくまで付き添いという立場だったのだが、とにかくこの佐々木さんがよく喋る。そして、内容が面白いのだ。

「風俗歴ですか？　生きてきた分だけですね！（笑）それは冗談ですけど、一番初めはピンクサロンにいたんです。お金持ちになりたいって理由で風俗業界に入ったんですよ。テーブルの掛け持ちができるお店で、延長延長という感じで時間を延ばせるシステムだったんです。

それで儲かるのは儲かるんですが、お客さんの指から雑菌が入って腹膜炎を起こしちゃったんですよ。だから、次は絶対シャワーがあるお店に行こうって思ったんです。で、今はつぶれちゃいましたけど、大国町にたくさんあったマンションヘルスに行ったんです。そしたら、今度は摘発を受けてお店がなくなっちゃいました」

――なんだかロクな目にあっていませんね……。そのころのお客さんに関して、面白いエピソードってありますか？

「ピンサロにいたころなんですけど、姫路からお坊さんがお客さんとして来られてたんですよ。その人は電車の最終までに時間がないって言ってたから、コロガシ（客に延長をさせること）もできないんですね。でも、袈裟の中に隠していたありったけの1000円札を私の服の中に突っ込んでくれたんです。あれは印象に残りましたね」

――逆に、嫌だったお客さんはいました？

「凄く臭い人。髪の毛も油でベターっとしてて、洗っても洗ってもベターっとしてるんですよ。だけど髪よりも綺麗にしなくちゃいけないところがあるから、そっちのほうを洗い始めたんですね。それで、皮を剥こうとしてたんですけど全然下りてくれないんですよ。

しょうがないから、エイ！　って力任せに下ろしたら途中で止まっちゃって。しかも、鬱血しちゃって紫色になっちゃったんですね。『ヤバい、これって話に聞いていたカントン包茎ってやつ？　どうしよう!?』と私は青ざめちゃったんですけど、ご本人は『今までで一番大きくなった』って満足されていたので、結局、そのまま知らん振りしておきました」

竹を割ったような性格でズバズバと話す佐々木さんに、ボクは完全に引き込まれていた。元々オマケだったはずの彼女が場の空気を掴み、いつの間にか主役の座に躍り出てしまったのだ。

恋愛型風俗店

——それで、このお店はどういうきっかけで出したんですか?

「大国町のお店が摘発されてしまったので、摘発されないような、違法じゃない店を自分でやっちゃおうと思って、このお店を作ったんですよ」

——このお店のホームページを見たんですけど、普通のデリヘルとはかなりシステムが違いますよね。

「そうですね。うちは、お店がインターネット上にしかないんですよ。事務所というものがないんです。ホームページの運営をしている場所は、チビが走り回ってる私の家です。なので、初めてご利用になるお客様には、ホームページから会員登録をしていただく必要があります」

——ということは、女の子は自宅待機ですか?

「完全予約制なので、そもそも待機という概念がないんです。女の子とお客様には私書箱メールで直接お話ししていただくという、出会い系のシステムを半分採り入れているんですね。女の子の顔やプロフィールは会員になられた方にしか公開できないんですけど、会員になってもらえれば、4～8枚の写真と女の子のプロフィールのすべてをご覧いただけるので、プロフィールと一緒にお会いできる時間などを確認していただいて、何人でも結構ですので、気に入った女の子に直接メールを送ってもらうシステムです。

それで気が合えば、『何日の何時ごろにどこそこで会おう』といったやり取りをメールでしていただいて、最後にお客様からお店に『×月×日×時から、○○コースで申し込みます』というご連絡をいただくことでオーダーが成立するんです」

女の子と実際にメールでやり取りをすることで、出会うまでにそれなりの過程を踏まなければならないこのシステムは、出会い系デリヘルとでも表現すべき画期的なアイディアだと言えるだろう。

「最初に会うときはお客様もドキドキされるみたいですね。やり取りをする間に風俗だということを忘れてしまうような。恋愛型とでも言えばいいでしょうか。何日も前に会うという予定が決まっているので、泥酔しているお客さんなんかはいらっしゃらないんです。皆さん紳士的になられるんですね」

――何度もメールを交換するうちに、女の子とお客さんの間で信頼関係が強まっていくんでしょうね。このお店ができてどれくらいになりますか？

「ウチは5周年になるんです。最初のころに会員になってくださった方が、今もずっとリピーターになってくださっています。常連の方に『ハマる』っておっしゃってもらえることも多いですね」

デリバリーヘルスを利用する際、ほとんどの場合において、客は『今から○○へ来て』などと電話をして女の子を呼ぶ。

こうしたシステムでは、好みの女の子を選ぶよりもそのときに呼べる女の子を優先せざるを得ないため、好みの女の子が来ず、残念な思いをすることもあるだろう。実際、風俗遊びで失敗したと感じるのは、多くがこのケースだと思う。

しかし、佐々木さんの店ではすぐに遊ぶことができない。その代わりに、女の子の写真やプロフィールを確認し、そのうえで何度も直接やり取りすることができる。もはや、この段階で情が生まれてもおかしくはあるまい。そういう意味では、この店で「失敗」する客は、極めて少ないのではないだろうか。

「うちは短いコースがないんですよ。120分からで1時間単位なんですね。2時間か3時間のコースを選ばれるお客様が多いです。ホテルコースは2時間でプレイ料金が2万4000円、3時間で3万3000円です。もし、2時間のコースで1時間の延長がしたくなったというときには、普通は延長料金がかかると思うんですけど、うちは差額でオッケーです。

あと、プレイだけではなくデートがしたいということもありますよね。プレイが終わった後に、ホテルの前で『じゃあね』って別れるのも味気ないじゃないですか。だから、お客様がプレイの後で一緒にお茶を飲みに行きたい、お食事に行きたいっておっしゃる場合は、1時間7000円だけいただくようにしているんですよ」

――そうすると、ひとりのお客さんで最低でも2時間、長ければ3時間以上かかりますよね。それで女の子には1日何人くらいのお客さんがつくんですか？

「完全にひとりです。女の子が1日にお相手をするお客さんは、原則として1名様限定になっています」

――なるほど。ということは、「稼ぎたい稼ぎたい」という女の子が集まるのではなく、あくまで女の子が趣味的な範囲でやれるからこそ、そういう時間・金額システムで女の子も納得できるんですね。

「いいえ、違います。本気で稼ぎたいという子がうちに来るんです」

きっぱりとそう言うと、彼女は一呼吸置いてからさらに語気を強めた。

9割のバック率

「というのも、女の子の給料はお客様からいただく金額の90％なんです。だから1日1名限定でも大丈夫なんですよ。お店の取り分は10％で儲からないんですけど、女の子は長いことといてくれるんですよね」

この一言は衝撃的だった。なぜなら、バック率はヘルスでほぼ折半が相場。支払いの90％を女の子に支払う風俗店など聞いたことがない。むしろ、ヘルスの中には、折半から10％の税金を引き、さらに共済費やコスチュームレンタル料などをさっ引く店もあるほどだ。

――女の子に優しいお店ですね。

「他の店と比べると、メールをしなければいけないという手間がありますけど、女の子は仕事がしやすいって言ってくれます。始めたころは、パソコンやインターネットができないからという理由でウチに来られなかった女の子もいましたけど、今は集めやすくなりましたね」

佐々木さんの店では､広告はインターネットのホームページのみ。送迎なし､電話番なし。事務所が自宅なので家賃も不要。店の運営コストがほとんどかからないため、料金を安く押さえられる。

また、女の子に対しては、手取りを高くすることでひとりの客に没頭させることができる。彼女の作ったシステムは画期的と言えるものだ。

ただ、その一方で客と女の子がお店を通さず直接連絡を取り合うというスタイルは、リスクが生まれることもある。加えて、大々的に広告を打っていないため、知名度を上げることは難しく、いつも女の子が豊富に集まるというわけではない。

この店は成功しているほうではあるものの、佐々木さんがお金持ちになるのはそう簡単ではなさそうだ。

——将来の夢ってありますか？

「そうですね。宝くじを2回くらい当てたいですね。2回当てて、そのお金でマンションを建てて、最上階に住むというのが理想かな」

そう言って、彼女はボクの笑いを誘った。


佐々木さんの営む風俗店は、現在も変わらず営業を続けている。料金体系などのシステムの変更や、急ぎの予約のために電話を設置するなどいくつかの推移はあったものの、基本的な路線は今なお堅持したままだ。

2008年暮れ、風俗業界は大不況に襲われたが、元々コストをかけないこの店は案外ダメージが少なそうだった。

昔から、女性の失業率が上がると風俗嬢の質が上がると言われている。もしかすると、彼女はこの不況さえチャンスとみなしているかもしれない。

大山礼子

45歳
人妻専門店勤務

熟女風俗嬢のＡＶ出演

ジュリアーノなにわというＡＶ監督がいる。

現在、風俗体験動画サイト『俺に訊け』を運営している彼は、熟女を撮らせたら関西一と言っても過言ではない腕前だ。

そんな監督のデビュー作は『関西熟女同好会』というタイトルだが、実はこの作品の撮影後、ボクは、監督と主演女優のふたりを相手に公開インタビューを行っている。

『関西熟女同好会』の主演女優は、大阪・ミナミの人妻専門店に勤める風俗嬢だった。

関西 熟女同好会 2
南大阪の淫乱痴熟女編
[redacted]（45歳）
美脚熟女が逆ナンパ痴女プレイ
監督 ジュリアーノなにわ
監修 南ショウ
関西熟女同好会
http://blog.livedoor.jp/anjella/

前夫の趣味でＡＶに興味を持つ

公開インタビューは、２００６年8月、大阪は梅田のバーにて行われた。
会場は貸し切り状態で満員。客の多くがすでに酒でできあがっているような状況の中、ボクはインタビューを開始することにした。ＡＶの主演女優の名前は大山礼子（仮名）という。

礼子「ＡＶに出たことはお店に内緒にしているんです。なので、その辺はよろしくお願いします」

礼子はいかにも淑女といった雰囲気で、ハスキーな声は独特の色気を感じさせた。

――えっ、何で？　その辺りのことも聞こうと思ったんだけどなあ。ＡＶに出たことって、売りになると思うんだけど。

礼子「うちの店、そういうのに厳しいんですよ。黙ってそういうことをやると、たぶんクビになると思うから」

ちなみに、このように話していた礼子だが、数ヶ月後にはＡＶに出たことが店にバレてしまう。しかし礼子はクビになるどころか、店はその翌日からホームページで「ＡＶ女優・大山礼子」と宣伝したという。

この宣伝がきっかけとなり、彼女の予約は連日満員になったそうだ。こんなことなら、最初からＡＶ出演の風俗嬢として売っておけばよかったのだ。もったいない話である。

　話をインタビューに戻そう。

――今回、ＡＶ女優としてデビューするにあたっての意気込みは、どんな感じでしたか？

礼子「単にスケベだっただけですかね」

　初っ端からのこの一言で客席はドッと沸いた。礼子は淑女然としつつも、その中身は典型的な関西のオバちゃんで、バシッとウケを狙ってから核心に向かって話を進めていく。思わずボクも少し身構えてしまった。

――じゃあ、楽しみで楽しみで仕方ないという感じで？

礼子「そうそう。趣味と実益を兼ねて」

――なるほど（笑）。では、なにわ監督にお話をお聞きしますけど、監督は今回がデビュー作ですが、これまではどのような形でＡＶに関わってきたのですか？

監督「まず男優としてこの世界に入ってきて、次にカメラマンをやらせてもらったんですが、今回初めて監督にチャレンジさせていただきました」

――男優にカメラマン、それに監督までやると。なんでもできる人なんですね。

監督「そうですね。モザイク職人もやってますから、一応なんでもできてますね」

――今回、監督をされることになったきっかけは、どういうことから？

監督「これまで男優、カメラマン、編集といろいろやらせていただいたことで、先輩監督の方から『君がスカウトしてきた女性だから、ここは一度自分でタクトを握って全部仕切ってみろ』という声をいただいて、監督をやらせてもらうことになったんです」

——ところで、礼子さんはどういういきさつで、なにわ監督からAV出演の誘いを受けたのでしょう？

礼子「元々、AVには凄く興味があったんです。実は今収録しているこのバーには、なにわ監督以下男優の方々が飲みに来られていて、私はお酒は全然飲めないんですけど、雰囲気が好きでここによく遊びに来ていたんですよね。それで『私もAVに興味があるんです』とお話しさせていただいたのがきっかけなんです」

——礼子さんはAVを結構観るほう？　それとも、観ないけれど興味だけはあったの？

礼子「今はバリバリの独身ですけど、以前は結婚してたこともあったんですね。当時の旦那さんが凄く裏ビデオ好きな人で、一緒にいろんなものを観てるうちに、『こんなもんやねんな』っていう感覚があったんですね。だけど実生活では全然違うなあ、みたいな感じで。AVを観ながらオカズにさせてもらったこともありますし」

——元旦那の趣味かあ……。

礼子「一緒に観てて、こういう世界があるんやなっていう。でも、私生活では満たされてなかったですね」

——じゃあ、AVの世界で演じられているようなことを、実生活で試してみるようなことはなかった？

礼子「なかったですね。ＡＶを見ている彼を背中にして寝てたら、なんとなくベッドが動いていたときもあります（笑）。今起きたらヤバいなと思って、私は壁を向いて。『勝手にやっとけ』って感じでしたね」

――そのころの礼子さんは、かなりセックスに関して淡白なほうだったんですか？

礼子「そうですね。彼がオナニーしてても腹も立たなくて、邪魔したら悪いなと思ってたし。寝込みを襲われても気づかずに、朝起きたら裸やったってこともありますね」

――それほど淡白だったけれども、興味はあったわけですね。

礼子「離婚をした後に付き合った方がいたんですけど、子供を産んで、女性として油の乗った時期ということもあってか、その方と付き合ったときに目覚めたという感じですかね」

――そんな礼子さんを、監督はどういう感じでスカウトしたんですか？

監督「興味があるんやったら、いっぺん出てみぃ、と。その代わり、バックアップは全面的にするよと」

痴女モノがいいやろう

――それで出るということになったと。でも、素人さんをＡＶに出すにはやっぱり紆余曲折があると思うんですけど、撮影に至るまでに超えなければいけなかった山みたいなものはありました？

監督「一番悩んだのは、礼子さんの魅力をいかに引き出すかという点に尽きますね。この人は足がめちゃめちゃ綺麗なんですよ。この足を全面に引き出して、足で攻めるとなると痴女モノがいいやろうと思って。そこからのシナリオ作りに悩んだんですよ。普通の痴女モノやったら面白くないやろと。

　大阪弁を喋りまくる彼女が思い描いているような作品になるべく近づけてあげようという気持ちが強かったんで、そこをどういうふうに全面的に押し出すかは悩みました」

――ボクは面識のあるＡＶ監督の方が何人かいるんですが、ＡＶの制作過程に関することは何も知らないんです。まず、最初はどういう作業から入っていくんですか？

監督「まずはシナリオ作りなんですけど、その中で、男優の選定とか周りで動かしてくれる人々の選定も行っていくんですね。その選定作業の中で、いきなり礼子さんをひとりで出して丸投げするのはかわいそうだと思ったので、司会者を立てて一緒に行動していくような作品を作ろうと考えました。

　撮影が夏だったということもあるので、ズバリ逆ナンパがいいだろうと。司会者が礼子さんに逆ナンパをするように仕向けていって、そこからいろんな展開を導き出そうとしたんですね」

――礼子さんは、私生活では逆ナンパをしたことがありますか？

礼子「まるっきり初めてだったんですよ。逆ナンパ以前に、ナンパをされたこと自体がなかったから、どういうシチュエーションで何をするのかが全然分かってなかったんです。私は学生時代にスイミングをしてたんで、後ろ姿とかには自信があるんですけど、後ろから『お姉さん！』って声をかけられて、前に回られたらプッって吹かれたことがあるくらいで、ナンパというものが感覚的にも本当に分からなかったんですよね。

でも、リードしてくれるＭＣ役の男優さんがいてくれるっていうので、その方に引っ張っていってもらうことで安心してできましたね」

――撮影が始まってから、礼子さんはどのように化けていきました？

監督「これは司会者がうまかったんですけれども、彼の口車に彼女がどんどん乗っていってくれたんですね。最初のうちは膝がブルブルブルブルずっと震えてるような状態で、かなり緊張してたんですけれども、後半どんどん大胆になっていって、最後はもうイキまくってましたね」

礼子「最後のほうは本当に記憶がないんですよ。最初からチョコチョコとは記憶飛んでるんですけど（笑）、司会者の方が一生懸命引っ張ってくださっていて、ナンパも全然分からないような状態から始まって、司会者に全部委ねて、最後は監督さんが締めてくださったので、初めてのカメラ前でしたけどなんとか頑張れました」

――デビュー作でしたけど、興味がある世界へ飛び込んで、楽しめましたか?
礼子「はっきり言うと、これからが楽しいのにっていうところで『カ〜ットー!』って言われて『え〜っ』みたいな部分もありました。欲求不満になりますよ(笑)。今回は、楽しむところまではいけませんでしたね」
監督「女優さん的にはなんら問題はなかったんですけど、男優さんのこなし方とか、いろいろあって、彼女が攻める側のシーンでは遠慮なく止めたんで、そういう不満も残ってしまったかもしれませんね」
――今回の作品の、一番の見どころはどこでしょう?
監督「女優さんもデビュー作なんで、演技よりも何よりも夢中になってイキまくってもらえたら勝ちだと思ったんです。そのあたりをぜひ見てもらいたいと思っています」
――だけど、礼子さんのように私生活ではあまりイカない女性も結構いるわけですよね。そういった女性をイカせるための技術というのは、かなり高度なんじゃないかなと思うんですが。
監督「撮影現場の雰囲気作りからすでに勝負ですね。男性スタッフは全員パンツ一丁です。女の子ひとりを脱がすんじゃなく、『皆裸になろうよ』って感じで雰囲気を作っていって、そこから女の子にもエロモードに入ってきてもらうんですよ」
――なるほど。そのようにしてできあがった作品ですが、礼子さんは完成品を観ましたか?

礼子「はい。観させていただきました。やっぱりこういう機会が初めてっていうこともありますし、私生活でのセックスのあり方とＡＶの中でのセックスの差に、もの凄くカルチャーショックを受けましたね。

攻めてるにしても攻められてるにしても、自分たちふたりだけが気持ちいいんではなくて、画面の向こうで私が感じている様を観ている方々に『ああいう女とヤってみたい』と思ってもらえるような作品を作れるかどうかっていうことについて、かなり勉強になりましたね」

ＡＶの撮影現場に潜入

――このシリーズを今後も撮るにあたって、なにわ監督のこだわりみたいなものはありますか？

監督「まずはトークの部分がすべて関西弁ってのが大事な部分でもあるんだけど、喋りの部分はめちゃ面白く、絡みの部分はめちゃエロく、笑いとエロのコラボレーションをＡＶの機軸として考えていきたいなっていう考えがあって、関西発ならではのお笑いとか人情なんかも表現しながら、エロの部分は思いきりエロくしますよって感じで作っていきたいと思っています」

――次回作からの展望はありますか？

監督「今回までは逆ナンパがシナリオの筋になってましたけど、次回からは乱交を重ねていく中で女性がどんどんエロくなっていく様を表現していけたらいいなと考えています」

　このインタビューから半年後、ボクの元になにわ監督からメールが届いた。

「うちの社長の許可が取れたので、よければ撮影現場を取材に来ませんか？」

　ＡＶ撮影に興味があったボクは、ふたつ返事でこの申し出を受けることにした。

　指定された場所は梅田の新興地域の高級ホテルだった。ロビーから電話をすると、「最上階の○○○号室へ来てください」と伝えられ、ボクは部屋へと向かった。

　指定された部屋に入ると、すでに男優陣数名、助手など大勢の人が詰めかけていた。監督と主演女優は心斎橋の美容院からこちらへ向かうとのことでまだ未着だったが、30分後、監督、女優、制作会社の社長が到着したとたん、撮影現場の空気が一変した。

　キーンと張り詰めた空気、ピリピリした緊張感。物音ひとつない静かな空間で響く女優の喘ぎ声のそばで、監督とカメラマンは男女の絡みを真剣に追い続ける。正直、ボクにこの仕事は務まらないなと感じた。

　とはいうものの、すべてのＡＶ作りがここまでストイックに行われているわけではなく、中にはグダグダの現場もあると聞く。

しかし、ボクが訪れたなにわ監督の現場は、ＡＶだからと適当にやっている雰囲気など微塵もなく、むしろエロだからこそ、かくも真剣に作られているのだと痛感した。きっと、なにわ監督の真面目な性格が現場に浸透していたのだろう。

熟女好きの方は、機会があれば監督の作品をぜひ一度観てみてほしい。

COLUMN

風俗にはどれだけの業種が存在するのか

読者の方々は「風俗店」と聞いたとき、どのようなものを真っ先に想像するだろうか。

かつては、日本における代表的な風俗産業と言えば遊郭だったが、売春防止法により公娼制度が廃止となった後に「トルコ風呂（1984年ごろから呼称が「ソープランド」へ変更）」が台頭し、しばらくはこれが風俗産業の代表的な業種となった。

現在のように多くの業種が乱立するきっかけとなったのは、1980年ごろから現れ始めた、「ノーパン喫茶」の存在を挙げることができるだろう。当時の法規制の制限を受けなかったため、ノーパン喫茶は急速に全国に広がり一世を風靡した。

しかし、ブームとなったノーパン喫茶は市場から消え去るのも早く、その後は「ファッションマッサージ（現在のヘルス）」を始め、雨後の筍のごとく様々な風俗業種が登場したが、今だに残っているものはほんの一握りに過ぎない。

現在の風俗業界を分類するにあたっては、ラインの引き方が複数考えられる。そのうちのひとつが、「届け出風俗店」と「非届け出風俗店」という分け方だ。

今日では、風俗店は例外なく風俗営業等適正化法などの規制により、公安委員会への届け出が義務づけられている。したがって、非届け出店はすべて違法ということになるのだが、「うちは風俗店ではなく飲食店です」という建前のもとに営業を行っている。

非届け出店の一番顕著な例が、「ちょんの間」と呼ばれる15分~30分サイクルの風俗店であり、売春防止法の施行後に飲食店へとカモフラージュし、現在も営業を続けている旧遊郭のことを指す。関西では五条楽園、飛田、松島、今里などのちょんの間が今なお多く残っているが、関東では近年の警察当局の掃討作戦で壊滅した地域も多い。

非届け出店のもうひとつの例は「連れ出しスナック」。これは、一見ごく普通のスナックとして営業されているが、接客した女の子を連れ出してラブホテルで一戦交えることができる店だ。むろん、店に対して酒代と一緒に連れ出し料を支払う必要が生じる。

その他、「ピンクサロン」も飲食店として届け出ている店がほとんどなので、これも非届け出店に加えることができるだろう。

さて、ここまでは届け出店と非届け出店とで風俗店を分類してきたが、別の分け方として、「本番店」「非本番店」による区別がある。つまり、最後までのサービスが含まれるか否かという分類だ。

前述のうち、ピンクサロンを除く非届け出店とソープランドは本番店に含まれる。だが、東京の上野、神田、五反田などの駅前にある通称「駅前ソープ」と呼ばれる店や、岡山など一部地方のソープランドはサービスの中身がマットヘルスであるのが実態で、本番行為はない。

一方で「ファッションヘルス」「イメージクラブ」「性感マッサージ」などの新興風俗やピンクサロンは非本番店である。とはいえ、中には違法を承知で本番を容認しているヘルスやピンサロも存在するので、これらの店すべてが非本番店であるというわけでもない。

3つ目の分類方法としては、「店舗型風俗店」か「非店舗型風俗店」か、というものが考えられる。

現在、法規制により店舗型の風俗店は新設が認められていないのだが、対して、「デリヘル」「ホテヘル」と呼ばれる非店舗型の風俗店は、公安委員会への届け出だけで開業できるうえ、開業資金も少なくて済むため、最近開業した風俗店のほとんどは非店舗型の風俗店である。具体的には、客からの電話で受付を経て女の子を送り届ける店がデリヘル、客に受付まで来てもらってホテルへ移動する店がホテヘルと呼ばれている。

また、風俗業界をもっと大きな括りで見ると、「射精風俗」と「非射精風俗」に分けることもできるだろう。非射精風俗とは「キャバレー」「キャバクラ」「クラブ」など、女の子が酒と共に客を接待する店で、一見飲食店風ではあるものの、法的には女の子が客の隣についた時点で風俗店扱いとなる。

ただし、女の子がカウンターの向こう側で接客するのみであれば、風俗店扱いにはならない。女の子がいる飲み屋も様々だが、風俗店かそうでないかについては、微妙なラインが存在するのだ。

ちなみに、インターネット上のアダルトサイトも「映像送出型性風俗特殊営業」として風営法の規制対象となり、ゲームセンター、パチンコ屋もまた同法の対象となる。

こうしてみると、法的に「風俗店」と呼ばれる店は、想像よりも多いと感じた方も多いのではないだろうか。

一口に風俗店とはいうものの、その業種は非常に多岐に渡るのである。

かのん

31歳
デリバリーヘルス嬢

地域や業態による風俗店の違い

「ファッションヘルス」あるいは「デリバリーヘルス」などと一口に言っても、店の地域や立地、店舗型と派遣型といった様々な要因によって、客層や女の子の層、サービスの傾向などについて多くの違いを見い出すことができる。

本項では、かつて新宿・池袋のような都心で勤務していたが、現在は埼玉県の郊外の風俗店に在籍し、これまでにソープランドからヘルス、箱（店舗）やデリ（派遣型）、そして乱交パーティなど幅広い経験をしてきた女の子を取り上げたい。

きっかけは買い物のし過ぎから

２００８年7月末、東武伊勢崎線某駅改札口を出たところで電話が鳴った。

「今どこ？　あなたは私の顔を知っていると思うけど、私はあなたの顔を知らないから、あなたが見つけてくれないと会えないよ！」

ボクが初めて彼女と接触したのは、もう5年近くも前のことだ。彼女が池袋のホテルヘルスに在籍していたころ、入店後まもなく彼女が作ったホームページを偶然見つけ、すぐさま連絡し、電話でインタビューを行ったのがきっかけだった。

その後しばらく音信不通となったが、3年ほど前、とあるＳＮＳサイトに彼女を招待。それから再び付き合いが始まり、今回のインタビューへと至ったというわけだ。

ボクはメールの交換や電話では彼女と何度もやり取りをしているが、実際に会うのは初めてのこと。まるで長年想い続けた女の子との初デートのように感じ、妙な緊張とドキドキ感に包まれていると、再度電話が鳴った。

「あっ、分かった。キャスターのついたカバンを転がしてる人だよね？　見つけた〜」

初めて会った彼女は思っていたより小柄で、年齢よりも可愛らしく感じられた。

「じゃあ移動しましょう。この手の取材だからホテルがいいよね？」

そう言うと、彼女は土地勘のないボクを先導してラブホテル街へ向かって歩き始めた。

しかし、客でもないのに初対面の女性とラブホテルへ入るということを躊躇してしまったボクは、途中で見つけたカラオケボックスに入ろうと提案した。

彼女の名前はかのん、歳は31歳。人妻である。

ご主人は定職を持ってはいるものの収入が少なく、現状、彼女の収入で一家を養っている。もし彼女が稼げなくなった場合、家族は食べられなくなってしまうという。

また、ご主人はかのんが風俗嬢であることを知りながら彼女を妻に迎え、現在も風俗嬢であることを容認している。

それは、彼女を辞めさせることで一家が路頭に迷うかもしれないという危機感からかもしれないが、かのんは「私がこの仕事が好きで絶対に辞めないってことを、彼はよく知っているからじゃないかな？」と言った。

——一番最初に風俗の世界に飛び込んだきっかけは何だったの？

「一番は興味本位。でも、お金にも魅力はあったね。お金はあって困るものじゃないし。ただ、半分は必要に迫られてたってこともあった。それは生活の部分もあるけど、買い物をし過ぎちゃったっていう理由があって。返済しなきゃいけないんだけど、さらに買い物もしたい。贅沢したいって気持ちもあったかな」

——そのときは何を買い物し過ぎちゃったの？

「洋服だね。今でもそうだけど、洋服とかお化粧品とか買うのが好きだから。でも高いブランド物は買わない。数を大量に買い込むの。月に2～3万くらいは買っちゃう。多くても4～5万だからそんなに無茶買いするわけじゃないんだけど、普通のOLの給料じゃちょっと厳しい。

それまではOLで事務員をやっていたんだけど、それを辞めちゃって、普通の仕事を探していたんだけど、『高収入』って謳い文句につられちゃって。当時、風俗業界のことを全然分かっていなかったから、いきなりソープランドの面接へ行っちゃったのよ。

ヘルスだとか、そういうお店の求人もいっぱいあったんじゃないかと思うけど、当時はそういうことが全く分からなかったしね。それに、ソープの求人っていうのは至れり尽くせりのことが書いてあるのよ。だから『とりあえずここに行けば安心なのかな？』って思っちゃった」

〝究極の風俗〟あるいは〝王道中の王道〟。ソープランドはしばしばこのように表現される。それは、本来法律的にタブーであるはずの本番があるという理由のみならず、マットやイスなどの高度な技術が要求されるうえ、想像を絶する重労働プレイの連続であり、料金的にも内容的にも、風俗界の至高の存在であるためだ。

当然のごとく、給与面においても他の風俗と比べてはるかに待遇がよい。とはいえ、さすがにそこまでのキツい仕事はしたくないと考える女の子も多く、必ずしも人気のある業種だとは言えない。

そのため、かのんが語ったように、ソープランドは求人誌などで「至れり尽くせりの待遇」をアピールする店が普通なのである。

――いきなりソープだと、最初のお客さんにつくまでが大変じゃなかった？　例えば講習とか。

「講習はそんなに大変じゃなかったけど、最初は何も分からないから『何をどうしたらいいの!?』ってテンパっちゃってパニック状態。マットのないお店だったから、やることが多くなかったことが救いだったけど、業界を知らないで入っちゃったから余計にね」

――本番がアリかナシかっていうこだわりもなかった？

「それもよく分かってなかったよね。本番に対する抵抗なんて、そのときはあまり考えなかったもん」

――そのお店にはどれくらいいたの？

「半年ぐらいかな。とりあえず風俗っていうのがどんなものかを掴んだ後、若い子ならヘルスとかのほうがいいかもしれないよって助言を受けて、新宿のヘルスへ面接に行ったのよ。そのお店で初めて、入れずに素股でサービスすることを覚えた。口でするのはソープでもあったけど、講習で『素股』を体験してみて、えっ、こんな動きをするの？　って」

ほとんどの場合、風俗での「素股」は騎乗位で行うのだが、その際、風俗嬢にはあるテクニックが要求される。

というのも、一般的な性交での騎乗位で女性は垂直に動くが、これは、垂直方向に伸びる男性のペニスを受け入れた女性が、上下に動くことでピストン運動が成立するためだ。

これに対して素股とは「男性器を女性器にこすりつける行為」であり、男性器を男性の体と水平方向に向かせて、その上に乗った女性が女性器をこすりつけることになる。

このとき、女性はピストン運動を成立させるために水平に動かねばならない。したがって、性行為と素股では同じ体位を取ったとしても、女性にしてみれば、全く異なった動きが必要になるというわけだ。

店舗とデリ、都心と郊外

「新宿のお店にはそんなに長くいなくて、ヘルスの店をいくつか転々としたの。若かったせいもあるんだろうけど、なんか自分に合うところが見つからなくて、長続きするお店は少なかった。お店のスタイルと私の性格がなかなか合わないのよね。

その間はあちこちで働いて、素股のやり方もお店によって違ったり、接客の仕方も全然違うってこともあって、勉強しながら渡っていったのよね。最終的に自分と合うお店が見つかったんだけど、それまで時間がかかった。でも、そのお店は半年勤めて辞めなきゃいけなくなったのよ」

――せっかく合う店が見つかったのに、たった半年で？　それはどうして？

「お客さんがストーカーになっちゃって、身の危険を感じちゃった。本当はもっとそのお店で続けたかったんだけど、精神的に傷ついた部分もあって、風俗から一切身を引いて一時期引退していたのよね。

　ちょうどそのころ、風俗街の摘発が始まって、歌舞伎町がもぬけの殻状態になったの。それもあってしばらくやっていなかったんだけど、ほとぼりが冷めてデリバリーがブームになってきたころに、復帰してみようかなと。初めてデリバリーのお店へ飛び込んだときには、それはそれで慣れるまで時間はかかったけど」

――かのんさんにとって、店舗型とデリではどこが一番違うと感じた？

「店舗型っていうのは、お店の外に出られないというのがある意味大きな条件なんだけど、デリはお客さんと一緒に外を歩く。その違いが一番大きい。店舗だと洋服を着てないんだよね。キャミソールとかネグリジェみたいな格好をしてるんだけど、デリだと外を歩くから、そんな服装はできないよね。

　普通の服装でお客さんと歩くわけだから、風俗嬢とお客っていう関係を超えたような、デート感覚で一緒にいられるって感じはあるよね。それまではお客さんと一緒に外を歩くなんて考えられなかったから、デリではその概念を覆されたの」

――トータルの風俗嬢キャリアはどれくらい？

「デリに移ってからが3年くらいかな。店舗のころが1年ちょっと。ブランクは結構あるけど、トータルで4年くらい」

――3年くらい前だったかな。ボクが久し振りにかのんさんとコンタクトを取ったとき、埼玉県内のソープランドにいたよね？　最初の風俗キャリアがソープだったたって知らなかったから、「何でソープにいるの？」って驚いた記憶があるんだけど。

「うん。いたいた。最初にこの辺（埼玉県内）で探してみて、なかなかいいお店がなくって、西川口も下火になりつつあったころで、唯一街中でポツンとあるソープを見つけて。とりあえずそこが家から近いから面接に行ってみようと思ったのよね。結局、そこもお店の人と合わなくて半年くらいで辞めちゃったけど」

――そのとき、ボクは確か「ソープにいたので驚きました」というメールを送った記憶がある。

「うん。ソープというか、本番には今でも抵抗はないんだよね。ただ、どっちが好きかって聞かれれば、改めてソープランドで働いてみて、やっぱりヘルスのほうが好きだって気づいたかもしれない。

自分としてはヘルスのほうが楽しいし、合ってるなって、2回目のソープで思った。それに『私はソープには向いてないんだ』と改めて気づかされた面もある」

――ヘルスのどういう点が向いていて、ソープのどういう点が向いていないと思ったの？

「素股で攻めたりだとか、サービスの流れとかがヘルスのほうが向いてる。ソープはなんだかお仕事しちゃってる感が強い。なおかつ、ソープはお店の考え方や女の子の考え方がちょっと特殊で、それが私には合わなかった。ヘルスだとそこまでもないんだけど、ソープは人間性が重くて、重圧みたいなものが感じられる。それも長続きしない理由のひとつになったのよね」

——今、かのんさんは郊外のデリで働いているけど、都心と郊外とで違いみたいなものはある？

「あぁ、かなりある。都内はゆったりしてる感じがあまりしない。ここら辺ってやっぱり田舎だから、皆気持ちがゆったりしてる。あと、都内と違ってあまりこういう遊びを知らない人が多くて、風俗慣れしていない。で、この土地に住んでるって人が多いかな。

都内だと出張や旅行で来てるってお客さんが多くて、ここは、出張で来る人もいないわけじゃないんだけど、この土地じゃないって人が極端に少ない。

あと、世代的に家族を持っている人が多いから、週末とかは家族サービス優先で遊びに出られなくて、お客さんが少ないのよ。平日の夜に仕事が終わってからコッソリ来るって人が多い。それと、都内に比べてホテル街があまりないから金土日は人でいっぱいで、場所を探すのが大変」

——かのんさん自身は、都内よりもこっちのほうが合っていると思う？

「うん。いろんなお店を探してみたんだけど、今働いてるお店が一番合ってる。この仕事を4年やってきたけど、1年続いたお店ってなかったのね。今のお店では1年過ぎたから、それを考えると今のお店が私には一番合ってるかな」

ボクらが駅で待ち合わせをしたのが正午。インタビュー前から、互いの積もる話や仕事の愚痴などをいろいろと語り合っていたため、このときには、すでに開始から2時間近くが経過していた。

「そう言えば、お昼をまだ食べてない」

かのんがそう言ったので、軽めの食事をしようと、中サイズのピザとおかわりのドリンクを注文。1枚のピザをふたりで分け合って食べた後、再びインタビューを再開した。

好きだから向上心が持てる

——以前インタビューしたときに、いろんな雑誌やサイトから「体験取材」を受けたと言っていたよね。記者がかのんさんのフェラテクニックを受けて、悶絶しちゃったという。

「いくつかのお店で体験取材を受けたんだけど、記者の人が『うぉ〜。これは凄い！』って盛り上がってくれて。別の取材でカメラを握ってた人は、『凄いなぁ』って感じでカメラを構えながら見ていたんだけど、その人、我慢できなくなってプライベートで後日遊びに来てくれたのよね。あのフェラを是非味わってみたいって。

でも、お店の人が業界の人を客として入れたくないって一度は断ったんだけど、その人が『ボクが一番大事にしている一眼レフを預けますから、1回でいいから遊ばせてください』って交渉して、ようやくお店が了解してくれたの」

――体験取材なんてエロ本やAVまがいだって言って、受けたくないって断る女の子が多いじゃない。そういう抵抗感はなかったの？

「取材はたくさん受けたけど、カメラに向かって作り笑顔でポーズを取るよりは、素の自分が出せる分、絡みのほうがやってて楽しい。そういう取材が4、5件あったけど、『好きでこの仕事をやってるってのが伝わってくる』って、よく言われたのを覚えてる」

体験取材とは、風俗サイトや雑誌が風俗店を取材する際、店の女の子が実際に客にするサービスを客役の記者相手に行い、その模様を写真や動画で撮影するというものだ。

前述の通り、「AVまがい」あるいは「実際にサービスを受ける必要はない」などといった批判もあるが、企画自体の人気が高いだけでなく、集客率が最も高い取材記事であるということで、多くの媒体が体験取材を目玉記事として掲載している。

――今、人妻だよね。ご主人やお子さんがいてもこの仕事を続けているっていうのは、かのんさんとしてはどう考えているの？

「後ろめたい気持ちはない。やっぱりこの仕事を好きでやってるっていう、その気持ちが一番大きいかな」

――この仕事が好きだっていう気持ち、それは具体的にどういう部分の楽しさ？

「一言では表現できないけど、この仕事が自分に合っているってのが一番。やってることが凄く楽しいし」

――それは、プレイで攻められることで得られる快楽的要素も含まれる？

「どちらかっていうと、攻めてるときのほうが楽しい。お客さんが悶えてるぐらいのほうがいいの。イキにくいって言ってるような人の度肝を抜かせるくらいの、『今何が起きたの？』みたいな反応を見てるのが好き。プロ意識なんだと思う。

よく、下の口を『名器』って表現するじゃない？　私は『上の口の名器になりたい』って最近よく言うんだけど（笑）、それくらいフェラテクを磨きたいなと思う。でも、まだ発展途上かな。何か違うやり方もあるんじゃないかっていう気がしてる。

体験取材を経験するまでは、自分の攻め方っていうのがあまりよく分かっていなかったんだけど、『今まで味わったことがないくらいいい』って聞かされてから、ちょっと勉強するようになった。それがあって、今の私のフェラがあると思うから。さらに欲を出してもっと上に行きたいって気持ちがある。

ソープをやってたころも、マットがないお店だったのにマットの勉強をしたりだとか、攻め方を覚えたいから知り合いに実験台になってもらったりってこともあったし、サービスの勉強をしたこともある。好きだから向上心を持てるんだと思うのよね」

――風俗が天職なのかもしれないね。

「そう思う。普通だったら、サービスして相手を喜ばせてそれで終わりっていう仕事って、多くないよね。介護士とか看護師なんかはそういう仕事だと思うけど、あれは資格が必要な仕事だから。そういう仕事で私ができるのは、風俗しかないと思う。

私は、人と関わってサービスして奉仕してっていう仕事が好きだから、事務仕事でOLをやって平凡な日々を過ごすよりも、私には風俗のほうが向いていると思う」

――言える範囲でいいんだけど、今どれくらいの収入があるの？

「そんなに多くはないかな。25万から30万くらい。OLさんと比べればちょっと多いほうだと思うけど、そんなにはもらってない。私の収入が一番多かったのは店舗のころで、100万くらい稼いでた。100超えた時期もあったね。移動がない分、1本でも2本でも多くつくから。

今はデリバリーで、移動で1時間かかったりとかも平気であるから、どうしてもその分ロスができて、本数を稼ぐことが難しい。なかなかそこまでたくさんは稼げないね。店舗がなくなっちゃったことは私からすれば残念だな」

――確かに、それだけ収入が減っちゃうとね。

「収入面以外でも、店舗のよさってあると思うんだよね。店舗風俗の全部を否定するお偉いさんたちの考えも、いかがなものかと。私は逆に、風俗を表舞台から遠ざけるほうが、もっと悪いことを考える人を生み出してしまうと思う。潜らせちゃうのはよくない。

どちらかというと、店舗で堂々と許可を取らせてってほうが、私としてはいい社会になると思うんだよね。潜らせれば潜らせるほど、どんどん管理できなくなるんじゃないかな」

——女の子としても、大声を出せばお店の人が来てくれる環境のほうが安心できるよね。

「デリバリーを始めたころは、お客さんと1対1になるから危険を伴うんじゃないかっていう不安も大きかった。まあ、私が実際にそういう経験をしたことはないんだけど、この間、お店の女の子にトラブルが起きたのを見て、私も全く危なくないとは言えないから、正直恐い部分はある」

——それは、具体的にどういうトラブルだったの？

「お客さんが、1回払ったサービス料を女の子からふんだくったらしいのよね。暴力も振るって、『俺はビタ一文払わない』って言って。イチャモンつけてきて。それで、お店の人がホテルまで行ったっていうトラブルがあったの。店舗だと従業員が守ってくれるっていう安心感が強いから、恐怖感はなかった。だけど、デリバリーだと自分で自分を守らなきゃいけなくなってくるから、その辺りの不安は強いよね」

デリヘル嬢の中には、同様の不安を訴える女の子が多い。実際、不幸にも女の子が凶刃により命を落とすケースが過去にあり、つい最近でも、客である国立病院の医師が本番を断られたことに逆上し、女の子をレイプしたという悲しい事件が起きたばかりだ。

街の美化、あるいは風紀の乱れを正すというお上の目的を理解できないわけではないが、そのためにより悲しい事件が誘発されている現実もまた、直視してもらいたいものだと痛切に思う。

ガンガン攻めるのは好きじゃない

――ところで、かのんさんはエッチというものをどう捉えているの？

「一番は快楽だと思うけど、その次は人と人との繋がりみたいなもの。愛情なんかも含めてね」

――仕事のエッチと、その他のエッチの一番の違いは？

「仕事のときだと、自分がイクより相手にイッてもらいたいって考えるから、自分の快楽は二の次になっちゃうんだよね。サービスしてあげたいって思うの。プライベートだと自分が一番ってわけじゃないんだけど、自分も気持ちよくなりたいって思う。それと、プライベートだと愛情を求めたり、相手の気持ちを確かめたりってのもあるんだけど、仕事だとそれはないに等しい」

――じゃあ、攻め型のお客さんが来ても、そのテクニックによる快楽に溺れてしまうことはない？

「全くないわけじゃない。攻め方がうまい人だと、そりゃあやっぱり気持ちよくなる。だけど、お客さんに攻めてもらっても、時間いっぱいで大抵中途半端で終わっちゃうし、交替してイカせてあげなきゃって思うから、自分が攻めるほうが楽になっちゃう。

感じることは感じるんだけど、してあげなきゃいけないって思いが強いとどうしても気になって集中できないから、受け身に専念するのってなかなか難しい。まあ、凄くうまい人だとたまに概念覆されて、『アヘッ』て溺れちゃうこともあるんだけどね（笑）」

ここでボクは凶器を持ち出した。「体験取材」ではないが、ピンクローターをかのんの体に当てて、反応を見てみようと試みたのである。カバンから取り出した数本のピンクローターを見た彼女は、「何でこんなにいっぱい持ってるの？」と笑みを浮かべた。

――かのんさんの性感帯を調べてみようかなと思ってね。脇の辺りはどうかな。

「えへへへへ。脇はあまり感じないんだよね。胸もバイブとかだと感じない。鷲掴みにされて揉まれるよりは、ソフトに、触るか触らないかくらいの性感プレイみたいな感じでふわ～っと触られると感じちゃう。どこを触られるのでもベタッと触られるよりは、ちょっと上のほうからサラッと触られるほうが感じる。

ただ背中だと、サラッと触られるとくすぐったく感じるときもあるんだけど、全体的に柔らかい感じで触られるほうがイキやすい。だから、自分の攻め方もどちらかというとガリガリプレイよりも、ふわっとソフトな攻め方が多い。

　フェラやってても、早くイカせようとしてガーッとやる女の子が多いじゃない？　私はねっとりとじらしながらずーっと舐めてることが多いから。やんわりと攻めるタイプなの。だから満足度が違う、ってお客さんによく言われるんだよね」

――自分がそういうふうに攻められたいから、攻め方も同じになっちゃったわけだ。

「そう。そうだね。だから自分が触られるときも、ガンガン攻めてくるお客さんも多いんだけど、そういうお客さんだと私は感じないんだよね。逆に、ふわ〜ってされちゃうと宙に浮いたような感じで『えっ!?』ってなっちゃって、自分がプロであることをすっかり忘れる。

　攻めるときもそれと同じ感じかな。なおかつネットリって感じでサービスすることが多いと思う。いつの間にかそれが当たり前のようになっていたんだけど、記者さんに言われて初めて、他の子と攻め方が違うって気づかされたのよね。言われるまではよく分からなかったんだけど。で、気がついたらもっと楽しくなってきちゃって」

――なるほど。じゃあ、かのんさんはあんまりローターとかはいらない人なんだ？

「ローターで下とか攻められれば、それはそれで気持ちいいんだけど、やっぱり仕事では攻めてあげてるほうがいいかな」

――人が気持ちよくなっているのを見るのが楽しいってのも、プロ意識のひとつなのかもしれないね。

「うん。そうだね」

この後、ボクたちはローターを持ったり触ったりしながら、「こういうふうにしたほうが気持ちいい」などと話しているうちに盛り上がり、若干ハードな方向へエスカレートしてしまったのだが、ともあれ取材の途中。ボクはローターをしまい、インタビューに戻った。

限界まで風俗嬢を続けたい

——かのんさんは、いつごろまで風俗嬢を続けていきたいと思っているの？

「できれば限界まで。40の大台に乗るくらいまでやりたい気はある。今は人妻ブームもあって、40代50代の人でも頑張って現役を続けている人もいるしね。ただ、私がその年齢になったときに、それがまだ流行っているかどうかも分からないから。

もしかしたら、その手前で何か事情が変わって辞めるかもしれないし。だから、いくつまでってはっきりとは言えないけど、できる限りは続けていきたいかな」

——風俗を上がった後の夢みたいなものはある？

「人にサービスすることが好きだから、今もアロマテラピーとか好きでやってるんだけど、そういう仕事に就こうかなと思ってる。でも、一方でマンガ喫茶の店員さんにも憧れてるんだよね（笑）。余裕があればそういうお店で働いてみるのもいいかなって。まあでも、私はやっぱり人と関わるような仕事が好きだと思う」

このインタビューから3ヶ月後の2008年11月、ボクは、本書を執筆する際にかのんとのインタビューを取り上げてもいいか了解を得るため、彼女と電話で話をした。

折りしも、世間がリーマンショックに始まる不況の風に見舞われていた時期だ。その影響は風俗業界、そしてかのんにも確実に直撃していた。

「在籍していたお店の電話が全然鳴らなくなっちゃって、どうしようもないから夜は本番店で掛け持ちを始めたのよ。夫は本番店だからって反対したんだけど、押し切っちゃって。でも、振り替えはやるし待機場の雰囲気も悪い。そのうえ、仕事は1本か多くて2本しかつかないし、こないだはお茶（1日中客がひとりもつかないこと）だったのよ。

その店は、1本ついて6000円、本番しても8000円にしかならない。だいたい、本番オプションがお店と折半って何なの？　って頭に来て。話にならないからもう辞めて別の店を探そうと思ってね。昼間ももう1件掛け持ち先を増やそうと昨日面接に行ってきて、条件はいいから状況次第ではそっちへ移ろうと思ってる」

――いくらなんでも、本番でその手取りはひどいね。

「3本4本つくなら、本番か口ヌキかっていうのは別にどうこう思わないし、文句も言わないんだけど、1本2本じゃ話にならない。

この間、都心のデートクラブ（いわゆる本デリではなく、愛人バンクの一夜版に近い）2件に登録したんだけど、高いほうは一度も連絡がない。安いほうは何度か電話がかかってきたんだけどね。ヒマだから掛け持ちしたいのに、掛け持ち先探しで忙しいっていう悪循環に陥っちゃってる」

――一気に不況になって、皆お金が使えなくなってしまっているから、しばらく落ち着くまでは仕方がないよ。

「でもさあ、お金を持ってる人はいるんだよ。使う人はこんな状況でも使うもん。営利系の乱交パーティにも登録してるから、そこに呼ばれるんだけど、4万円の会費を払ってあんなに大勢の人が毎月来るんだもの」

――乱交までやってたんだ。それってギャラはいくらになるの？

「1回のパーティで2万円。4万のうちの2万って意味じゃないよ。客の人数は関係なく2万円。女の子の数は少なめだから、小さい規模だと女の子ひとりで2、3人を、普通の規模でひとりで4、5人を相手にするの。私は鉄のマ●コだから、大勢相手するのは平気なのよね」

――そういうパーティは、どれくらいの頻度で開催されているの？

「私が登録してるところは月1回。でも女の子は2、3人しか出られないから、順番はすぐに回ってこないんだよね」

かのんは、その小さい体からは想像できないような、本当にバイタリティーに満ちた女の子なのだ。このときの電話が事実上三度目の取材となったが、彼女に聞いてみたいことはまだまだたくさんある。

電話の最後に、ボクがこれまでのインタビュー集を本にまとめようとしており、その本にかのんとのエピソードをを掲載したいと思っている旨を告げた。

——というわけなんだけど、かのんさんのことを本に書いてもいいかな？　もしよければ、名前はどうしよう。

「いいよ。名前も『かのん』でいい。今はこの名前で働いているお店がないから、誰だか分からないと思う。かのんっていう名前は、東京の箱に勤めていたときに、アニメから取った名前なのよね。今でこそアニメの名前をつける子は多いけど、当時はこの名前だけで問い合わせが多かった。

でも私のことだから、もしかするとその本を買って、友達に『これに載ってるかのんって私のことだよ』って見せびらかしてるかもしれない（笑）」

かのんは明るくそう言い、ボクらは電話を切った。

実は、ボクは近いうちにかのんをもう一度別の角度から取材する約束をしている。その際に彼女がどのような顔を見せてくれるのか、今からとても楽しみだ。

まさよ
28歳
ぽっちゃり専門店勤務

フェチ系風俗店の実態

価値観が多様化している昨今だが、風俗の世界もその例外ではない。ジャンルで言えば、ヘルスから分化したイメクラや性感、あるいは痴漢専門店などが挙げられ、また、特徴のある女の子だけを集めたフェチ系の店も人気を博している。フェチ系の店というのは、ペチャパイばかりを集めた「貧乳専門店」、ぽっちゃりの子ばかりを集めた「デブ専門店」、美脚の子を集めた足コキ専門店などのことを指す。本項でとりあげる女の子は、大阪のぽっちゃり専門店の風俗嬢である。

バスト132、ウエスト87、ヒップ113の風俗嬢

2005年8月、この日の収録のために借りていた場所は梅田のラブホテルだった。取材する側であるボクらの準備がまだ終わらぬところに、駆け足で女性が飛び込んできた。

「今日はありがとうございます。お世話になります」

彼女は、ゲストの女の子を送り込んでくれるホテルヘルス「N」の女性オーナーだ。「N」という風俗店は、オーナー自身がかつて現役ヘルス嬢として活躍した際のノウハウを生かし、自ら立ち上げた巨乳専門のホテルヘルスである。

この店が巨乳専門店である理由はオーナー自身が巨乳であるためだが、スレンダーかつ巨乳の美女という女性などそうそういるはずもない。こうした理由もあり、「N」はおのずと巨乳専門店からぽっちゃり専門店へと変遷していった。

「もうすぐ女の子が来るので、まず打ち合わせをさせてください」

ボクの番組は、いつも行き当たりばったりでインタビューを行っていくスタイルなのだが、この日は違った。店のほうから、ぜひ取り上げてほしいネタがあるというリクエストがあったのだ。

オーナーとの軽い打ち合わせがそろそろ終わろうとしていたころ、ゲストの女の子が到着。彼女はぽっちゃり専門店の名に恥じぬ、堂々たる体格をしていた。オーナーはそんな

彼女と二言三言話をした後、仕事があるからと帰っていった。

「まさよ（仮名）です。よろしくお願いします。身長が162センチで、スリーサイズは上から132、87、113で、歳は28です」

――風俗歴はどれくらいですか？

「通算2～3年かな。今のお店で4店舗目ですね。最初のお店から今のお店まで、全部デリです。最初のお店はインターネットのチャットで見つけました。お店を変わるときもネットオンリーで探していました」

――一番最初のお客さんは覚えてます？

「最初のお客さんは、お店が常連さんをつけてくださったんです。風俗嬢たるものの基本をそのお客さんから教えていただきましたね。風俗は究極のサービス業だってことを、そのお客さんから学びました」

――今まででよかったお客さん、嫌だったお客さんというのはいますか？

「皆さんいいお客さんばかりですよ。嫌だったお客さんっていうのは、今までいなかったですね」

フェチ系の風俗店というのは、基本的に、ある特徴を持った女性が非常に好きだという男性が集う店である。まさよが勤める店もその例外ではなく、ぽっちゃり型を好む客しか利用しない。つまり、客にしてみれば少なくとも体系的にはピッタリ好みの女の子が来てくれるというわけだ。

このような理由から、フェチ系の風俗店においては、女の子の到着後にチェンジをするような客や、サービスに不満を持って本番を強要をするような客が他店に比べて極端に少ないと言われている。

まさよが嫌な客に遭遇したことがないというのも、フェチ店ならではのエピソードかもしれない。

——まさよちゃんの得意プレイは、どんなプレイでしょうか？

「イメージプレイですね。○○ごっこって感じです。お医者さんごっことか、学校ごっことか」

——必殺技は？

「やっぱりこの体型ですからパイズリですね。あとは立ち素股とか。立った状態でバックで素股をするんですよ。これには大抵のお客さんがのけぞります」

——お店のメニューを見ると、格闘技コースというのがあるんだね。「現在有段者の在籍0名」にはなってるけど。

「こういうお店なので、プロレスごっこをしたいとか、相撲を取ってみたいとかっていうお客さんもおられるんですよね。だからこういうコースが用意してあるんですけど、残念ながら今は対応できる女の子がいないのでできません。ローションを塗り合って楽しむんだそうです」

――なるほど。確かに、大きな女の子とローションでヌルヌルってプレイを喜ぶお客さんは多いだろうね。

「そうですね。だからマットプレイをしたいってお客さんも結構いらっしゃいますよ。ローションを使って。実際喜ばれますね」

大きな体とは裏腹に

ここまでインタビューを行ってきたが、ボクが見たところ、まさよは緊張を隠せない様子だった。声も少し小さくおどおどしている。どっしりした体格とは異なり、性格は控えめな女の子なのだろう。

――芸能人で誰かに似てるって言われます？

「最近はあまり言われないですけど、飯島直子とか言われますね」

――あぁ、確かに斜めから見たラインが似てるかもしれない。

「こんなにかさばらないと思いますよ。でも、飯島直子を横に凄く拡大したら似てるんですかね（笑）」

緊張を自らほぐすためか、まさよが自虐的な話を始めたので、ボクも彼女の体型にまつわるような話を振ってみた。

――好きな食べものは何？

「イチゴですね。何もかけずにそのままで。1パックくらいならペロリと平らげますよ。あと、バランスを取るために納豆ご飯を食べて……タンパク質も摂取しないとダメですからね。

タンパク質で『肉』に行かない理由？　お財布の事情からですね。食べるのは、和・洋・中おいしければなんでもオッケーです。外食するなら、高島屋の上に入ってる小籠包《ショウロンポウ》屋さん。台湾から出店してるんですけど、すっごいおいしいんですよね」

まさよは食べものの話になるとエンジンがかかり、生き生きとし始めた。先程までの緊張感が薄れていく彼女を見て、好物について聞いてみてよかったと、ボクもホッとする。

――まさよちゃんのチャームポイントはどこでしょう？

「モチ肌ですね。小籠包でしっかりとコラーゲンを摂ってますから（笑）。ピッチピチの肌を楽しんでもらいたいです」

――生まれ変わったら何になりたい？

「女ですね。もう一度女に生まれ変わって、もっと早くからこの仕事をしてると思う。この仕事をしてると、たぶん、綺麗でいられるんですよ。接客でいつも見られているわけですから、綺麗でいるのも仕事なんですよね。でも、食いっぱぐれないようにひっそりと資格取りには励むかも」

——今、何かの資格を取る勉強をしているの？

「今年は受験票を出し忘れて受けられなかったんですけど、ケアマネージャーの資格を取ろうと思ってるんですよね」

看護師や介護士と風俗嬢は不思議と接点が多い。看護師の資格を持ちながら風俗の仕事に飛び込む女の子は多く、また、介護士の資格を取るために勉強をしている風俗嬢も少なくない。

あるいは、介護士だけでは食べられないため、風俗でアルバイトをしている女の子も存在する。実際、ボクがこれまでに取材などで接点を持った風俗嬢のうち、１割程度の女の子が何らかの形で看護・介護職と接点を持っていた。

「風俗も、医療・介護もサービス業なんで、共通点は多いと思いますよ。風俗はいつまでもやれる仕事じゃないですから、その後のことを考えたら資格は取っておきたいんですよね」

ファーストキスを痴漢に奪われる

——まさよちゃんの初めてのキスはいつでしたか？

「幼稚園のころやったと思うんですよ。クラスで一番カッコよかった子なんです。向こうからしてきたんですよね。私は真っ赤になってたんじゃないかな」

――それは子供のキスだねえ。大人のキスはいつごろでした？

「これ、放送できるかなあ。某変態さんにされたんですよ。小学校4年のときに痴漢に遭って。私は当時すでにポッチャリしてて、胸が出てたんで狙われたんでしょうね。お母さんのお使いでコインランドリーへ行ったときに、知らないお兄さんに路地裏へ連れていかれてイタズラされたんですよ。そのときに初めてベロチューをされました」

――えーっ？　そりゃとんでもない話だね。

「そうなんですよ。全部脱がされてスッポンポンにされて、下舐められて乳舐められて、今思えばフェラもさせられてましたね」

――それを路地裏!?　屋外で!?

「そうです。駐車場の横で高い塀があって、死角になってたんでしょうね。街中なんだけど、1本路地に入ったら人通りも全くなくて。相手はたぶん中学生やったと思うんですよ。靴に名前が書いてあったし」

――しかし、フェラチオまでさせるとはひどいやつだねえ！

「両手で頭を握られて、ココにキスをしろ……と。イマラチオっていうんですか？　恐かったからやらなきゃ仕方なかったんですよ。声出したら殺すって言われて、何も抵抗できず。

でも、最後まではいかなかったのは幸いでしたけど」

――それはよかったのか悪かったのか、なんとも言えないなあ。

「まあ、それは別にトラウマとかにはなってないので、いいんですけどね。関西人だから話のネタが必要なんで、いいかなと」

――何もそんなところで関西人のプライドを出さなくたって（笑）。で、ここまで聞くのに随分遠回りしたような気がするけど、彼氏が相手の初キスはいつ？

「19のときでしたねえ」

――それはちょっと遅いね。やっぱり、痴漢に遭ったという影響があったのかな？

「それは全然ないですよ。私、X JAPANの追っかけをしていたからそれで忙しくて、恋愛をしてるヒマがなかっただけなんですよ。結構追っかけてましたから、忙しくて忙しくて」

――なるほど。そのときの彼氏はどんな人？

「当時私は、水商売で夜働いていたんですよ。お触りとかは一切なしのクラブだったんですけど、そのときのお客さんなんですね。その人と初めてのデートでホテルへ。いきなりラブホテルへ入っちゃったんです。一緒に追っかけをしてた友達と、どっちが処女を先に捨てるかの競争をしてたんですよ。それもあって、私のほうからそういうシチュエーションに持っていったんですよね。競争には勝ちました（笑）」

――まあ、犯罪で処女を失うことを思えば、かなり健全か。ちなみに、初めてイッちゃったのは？

「その人との、2回目のエッチのときですね。おもちゃを使われたんですよ。ウイーンとあてがうやつです。いきなりそんなものを出されても知識がないから『なんやろ、これ？』みたいな。でも、性的好奇心は元々かなり強かったんで、気持ちいいならなんでも来いみたいな部分もあったんですよね。

19までチャンスがなかったので、それまでには何もなかったけど、もし何かあれば大変なことになってたかもしれませんね。今ではもう充分過ぎるくらい、他の人に追いつきましたけど」

――おっ、そのセリフ、もう相当の人数をこなしたんだ。何人くらい経験したの？

「ふふふ。それは秘密の方向でお願いします」

コラボレーションＡＶ

――まさよちゃんから見た、今働いているお店の特徴はどんなところ？

「大きい女の子ならではの、他のお店では味わえないパイズリですね。お店独自の技術というわけではないんですけど、控え室にいるときなんかに、女の子同士で『私のはこうやってる』って教え合ったりする機会が結構あるんですよ。だから、パイズリはせひお勧めしたいですね」

――まさよちゃんのプロフィールの中に、特技「歯磨きにエロフェラ」というのがあるんだけど、これは何？

「お客さんの歯磨きをしてあげるんですよ、膝枕で。耳かきはズボッっと入ってしまいそうな気がしてできないんですけど、歯磨きならそれがないんで。フェラは、自分で特技の中に書いてたんですけど、店が勝手に『エロ』ってつけちゃったんですね。だから意味はないんですけど、舌が長いんでかなり高度な舐め方がいろいろできるんです」

――なるほど。ところで、さっきオーナーが打ち合わせに来てこの話を取り上げてくれと伝えられたんだけど、まさよちゃん、今度AVに出るんだって？

「そうなんですよ。このお店とAVのコラボレーションって感じの作品なんですけど、来週撮影なんです。AVに出るのは全く初めてのことなので、今から緊張してるんですけどとても楽しみです」

――AVの話は、どこからオファーがきたの？

「メーカーさんのほうから、風俗店とのコラボレーション作品としてお店のほうにオファーが来たみたいで、オーナーから『こんな話が来てんねんけど、まさよちゃん出てみん？』って言われたから、いい記念になると思ってオッケーしたんですよ。今まで、お店のホームページとか、サイトとかの取材で写真はいっぱい撮ってもらったけど、動画でそれだけ長い時間の撮影っていうのは経験がないし、ぜひやってみたいなって」

こうした、風俗店とコラボレーションしたAV作品は、女の子が本来お客さんとするプレイを男優相手に行う映像をDVD作品として販売するものであり、割合数も出ている。ただ、あくまでもプレイの再現であるため、AVではあるが女の子は本番をしない。

これらの作品は全国販売され、日本中のDVDショップなどの店頭に置かれることで、店の宣伝を全国規模で行うことができる。

同規模の広告を打つとなれば、数百万円の広告費が必要となるが、コラボレーションAVにおける店側の負担は製作費の1、2割程度であるため、これは今後期待の持てる風俗店の広告手段になり得るだろう。

しかし、その一方でAVに出演できる女の子がいない風俗店では、AVを出したくても出せないという問題もある。実は、以前ボクも地元の岡山・広島で風俗店コラボAVのコーディネートをしたことがあるのだが、数百店もの風俗店の中で発売まで漕ぎつけたのはわずか1店舗のみと、かなり難しいのが実情なのだ。

したがって、今回まさよの出演でこの店のDVDが発売できたことは、かなりの幸運だったと言えるかもしれない。このインタビューは撮影前に行われたため、その様子を聞くことができなかったのが残念だ。なお、作品はインタビューの4ヶ月後に無事発売され、全国のショップの店頭に並べられた。

「あぁ、面白かった。こういう取材って面白いですね。またぜひ誘ってください。ありがとうございました」

登場したときには緊張でガチガチだったまさよは、インタビューが終わるころには水を得た魚のように生き生きとした表情をしていた。やはり生粋の関西人。一旦お喋りのスイッチが入ってしまえば、関西人へのインタビューは楽なのである。

さて、そんなまさよはその後1年近くこの店に勤めたのだが、なんと、架空の話で常連客の同情を引き、客から多額の借金をしていたことが発覚し、怒ったオーナーにクビを宣告されて姿を消してしまったそうだ。オーナーは客に謝罪し、自腹で穴埋めをしたという。

どうにも後味の悪い話だ。それからしばらくして、オーナーは「女の子の扱いに疲れた」と休店を宣言してしまった。現在、この店は運営されていない。

幸ママ

40代前半
風俗店経営者

元風俗嬢のベテラン女性オーナー

風俗店に関わる女性と言えば、多くの方は風俗嬢しか思い浮かばないのではなかろうか。しかし、実は風俗とは裏方にも多くの女性が従事している世界である。

フロントや電話番、デリバリーの運転手など、これらの仕事に就いているのは男性従業員だというイメージが先行しがちだが、その内容からも明らかなように、こうした業務は男性にしかできないというものではなく、女性が行っていてもなんら不思議ではない。

むろん、それは店の経営者という立場についても同様だ。ここで紹介するのは、とある風俗店の女性経営者の話である。

老舗のメリットなんてない

2005年3月30日、ボクは名古屋を訪れていた。目的は、翌日に廃止される隣県・岐阜の路面電車の写真撮影と、数日前に開幕した愛知万博を観に行くこと、そして、旧来の付き合いであるデリバリーヘルスの事務所を表敬訪問することだった。

数年前からメールのやり取りをしているこの風俗店のオーナーは女性だ。

ボクは、ラジオ番組を始めたときに作成したゲスト候補の筆頭に彼女の名を記しており、いつかこの人にインタビューしたいと考えていたので、念願が叶うことに心を躍らせていた。

「いらっしゃい。お待ちしておりました。遠いところお疲れでしょう？　とりあえず休んでくださいよ」

そう言って、ボクを歓迎してくれた彼女の名前は幸子（仮名：以下『幸ママ』と記す）という。事故のため、若くしてご家族を亡くされた後に風俗業界に飛び込み、出張型風俗店が公認となる以前からこの店をオープンして、現在では数店舗を経営している。

また、数年前から彼女は営業用の個人ホームページを開設し、一部のネットユーザーの間では、カリスマ女性経営者として名を馳せていた。

——お互い古株ですよね。ボクが幸ママの存在を知ったのも、もう6～7年も前のことじゃないですかね？

「ええ。だと思いますよ。私がホームページを始めたときに、リンクを張ってくださいってお願いのメールを出したんですよね。アドレスが変わったときにもメールを差し上げて、次の日に『変更しました』ってお返事をいただいたのを覚えてますよ」

初めてのコンタクトから数年、この日まで一度も顔を合わせる機会がなかったにもかかわらず、ボクと幸ママはことあるごとに連絡を取り合っていた。インタビュー当日は「いつかお会いしたいですね」という互いの希望がようやく実現した瞬間であり、ボクたちは、しばらくの間積もる話を交わした。

「このお店を出して今年で13年目になるんですよ。今のように法律で規制されていないころから始めたんですよね。でも、そのときどきで入ってくる女の子も違うし、若い方々の嗜好も違うというように、年々変わってきますので、ついていくのに頑張らないといけない。老舗のメリットなんてないですよ」

２００５年のインタビューの時点から遡って13年前には、「デリバリーヘルス」という呼び名は存在しない。無店舗型の派遣風俗店は90年代の後半から首都圏を中心に見られるようになり、１９９８年の法改正によって届け出１枚のみで開設が認められるようになったため、全国で急激な増加を始めたという経緯がある。

デリヘルという名称はこのころから一般的になったもので、それ以前は、派遣風俗店を

「出張ヘルス」と呼ぶことが多かった。幸ママはそんな時代からこの店を経営していたのである。

「昔はたくさんのビラを撒きました。『自宅に来てくれるなんて珍しい』なんてお客様も多くいらして、出張ヘルスというお店自体も少なくてよかったんですよ。今はお客様が多い半面、お店も多いですしね。何か変わったことを、といつも考えながら経営していますけれども、今が一番難しい時期じゃないでしょうか」

——13年間で、一番苦労されたことはどんなことですか？

「まず、店を出した当時は、名古屋に出張ヘルスというのが2～3店舗しか存在していなかったんですよ。そんな状況だと、お客様が恐がるんですよね。ご自宅のお客様が住所を教えてくれなくて、待ち合わせという形を取ろうとするんですよ。

そうすると、女の子をどこに連れていかれるか分からないから、今度はこちら側が恐いじゃないですか。だから、まず住所を聞き出すためにお客様に安心してもらうというのが大変でした」

——確かに当時だったら、後からヤクザが脅してくるんじゃないかとか、そういうことを考えるお客さんも多かったかもしれないですね。

「受付の私が女性であるということで、安心してご住所を教えていただけるようにはなりましたけど、最初のころは単身赴任で来られている関東の方とか、東京周辺で出張ヘルスをご利用した経験のある方が9割くらいで、地元名古屋の方のご利用がないというのが現実でしたね」

——名古屋で経営しているのに、名古屋の人に受け入れられないというのは厳しいですね。

「新人の女の子が来てくれたときなんかには、特に稼いでもらわなければいけないんですよ。なんとか稼いで辞めないようにっていう責任を感じてしまうんです。だから、今では違法ですけど、足首が動かなくなるまでビラを撒いたんです。経営者の悲しい性ですね。でもその当時のことを考えると、今はこれしきでくじけられない、頑張らなきゃいけないっていう思いがありますね」

マンションやアパートに住む読者の中には、郵便受けにピンクチラシが大量に入れられて困ったという経験を持つ方が少なからずいると思われる。

今でこそ、こうした宣伝活動は即摘発の対象となる違法行為だが、かつては合法だったのだ。そのころは、すでに入っている他店のチラシをすべて取り出してから自店のチラシを入れる、あるいは電話ボックスや電柱などに猛スピードでチラシを張りつけるなどといった、チラシ撒きの技術や手法が発達した時期でもあった。

現在、顧客に自店の電話番号を知らせるためには、雑誌やインターネットで客自身に探してもらう他ない。今の風俗が盛況にならないのは、チラシが撒けなくなったからだと指摘する経営者もいるほどだ。

風俗店の多様化

「うちが当時やっていたビラ撒きはポスティングがほとんどでしたね。当時は、お客さんの需要がほとんどなくて、深夜12時から2時には閉店していましたから、その後、深夜2時から朝7時まで撒きっぱなしですよ。

そういう状況でオープンして1年後くらいに、『もう辞めようか』とか言っているころ、指名の取れる女の子がポンポンとふたり入ってくれたのが助け船になりました。それと、この業界にかなり詳しい男性に従業員として入店していただいたことも、私としては大きな救いになりました」

――その2名の女の子は、どういう理由で指名が取れたんですか？

「彼女たちは、うちに入る前に店舗型のお店でもナンバーワンだったたんですけど、深夜に働けるデリヘルに興味を持ってうちに来られたんですよ。2日目からすぐ指名が入りました。出勤する前から3本ぐらい予約が入るような子たちで、『稼ごう』という意思が感じられましたね」

――この世界で頑張って指名を取れる条件を、その子たちはすでに備えていたわけですね。

「今までたくさん女の子を見てきましたけれども、本当に稼いで貯金をして、海外で生活をするという自分の夢を実現された方もおられます。風俗っていうのは両極端ですね。成功して羽ばたいていくか、だらだらいくか。そのどちらかというのは、見ていて私自身勉強になります」

彼女の意見にはボクも同感だ。風俗嬢を見ていると、確かに両極端だなと思う。学業のため、店を持つため、あるいは自らのスキルを向上させるために頑張っている女の子でなければ、この世界では本気で稼げない。

ボク自身、夢に向かって頑張っている女の子たちを数多く見てきたが、稼げずにずるずると堕落していく女の子たちは、それ以上に多く見てきた。

「うちに面接に来られた時点で、驚く額の貯金を持っている女の子がいましたけど、将来キャッシュでお家を買いたいからということで、貯めておられたそうなんですよね。本当に真面目で、オール指名で一生懸命やってくれましたけれども、そういう女の子たちの力で、この店が今まで頑張ってこられたんですよね」

――デリバリーヘルスが届出制になる前と、その後ではどのような違いがありました？

「届出制になる前は軌道に乗っていましたね。当時はお店も多くなくて、競争相手も少なかったですから、今思えば安定していたんだなと感じますね。やっぱり、店舗数も違うし、雑誌に出てる件数も違うし。今ではお店が増え過ぎたことで、お客様もどの店から呼んでいいのか分からないんじゃないかと思うんですよね。雑誌やインターネットにとにかくたくさん載っていますから、その中から選ぶにしても大変だと思いますし」

——お客さんは何を基準にお店を選べばいいんでしょうかね？

「私がお客様の立場なら、顔出しをしていて自分の好みのタイプの子がいたりとか、その日の財布の中身とか、電話受付さんの対応のよさとか、そういった面が関係してくると思うんですけどね。あと、フェチが好きな方はフェチ系のお店を探すとか。皆さん、ご自身の好みや求めるものを考えて選んでいただければと思いますね。

でも、お客様が風俗で求められることも増え過ぎたような気もします。昔は制服プレイのお店とかも少なかったですけど、今ではコスプレくらい当たり前ですよね。人妻コースとかもよく見ますし、今の若い方々はいろんなオプションを思いつかれますよね。それに負けないように、うちでも考えてやっているつもりなのですが……」

——確かに、今の風俗は30代や40代の女の子が当たり前のようにいるし、風俗嬢が人妻でも驚くようなことではないですね。以前だったら、お客さんの好みは18、9から20代前半の女の子という、一斉に向いていたベクトルのようなものがあったけど、今のお客さんはバラバラの方向を向いていますよね。

「昔は、人妻さんを希望されるお客様ってほとんどおられなかったんですよね。それがいつしか人妻ブームも来ましたし、なんだか不思議な感じですね。ただ、確かにお客様の好みはバラバラかもしれないけど、バラバラの方向を向いているからこそ、風俗を利用されるお客様の層が昔よりも増えて、デリバリーを呼びやすくなってきたとも思うんですよね」

現在の風俗店は熟女店、コスプレ店など専門店化が顕著だ。こうした専門店の出現が利用客の層を厚くしていったという幸ママの指摘は、当たっている部分もあるように思われる。

とはいえ、風俗店が細分化される一方で、ひとつの店舗で取り込める客数には限りがある。すべての層から受け入れられるような風俗店は、なかなか作ることができないのが実情なのだ。

店と女の子に対する責任

――そもそも、なぜ幸ママは風俗の世界へ入ってこられたのですか？

「夢があったと言えばあったんですよね。数年でお金を貯めて、自分のやりたい事業ができればなと思っていて、2年ほど風俗嬢の経験もあるんです。普通のファッションヘルスでした。風俗雑誌の求人広告を見て飛び込んだんですけれども、2年間お金を貯めた後、もう数年頑張ってみようと思って13年前にこのお店を出したんです」

――数年間のつもりが13年間頑張れたというのは、それだけこの業界に魅力があるということでしょうか？

「いや、魅力というよりも、このお店が可愛いって気持ちがあったからです。今までの苦労を思い出しますと、愛しく感じます。それと、女の子が全然いないなら別ですけど、来てくれる女の子がいる限りは頑張らなきゃって思うんですよ。

だから、今は画像処理とかもしていて、その仕事は次の日に回してもいいんですけど、『もし翌日にこの子が出勤した場合に、インターネットでこの画像を見たお客様からの指名があればいいいな』と思うと、寝ずに作業をしてしまいますね。お金儲けだけを考えていたら、できない商売なんだなと感じます」

――お店や女の子に対する愛情ですか。

「愛情じゃない。責任ですよ。女の子を稼がせなきゃいけない、お店の売り上げを伸ばさなきゃいけない、その責任ですね。風俗業界に携わってる人なら分かっていただける面もあるかと思いますけど、このお仕事はどれだけ楽そうに見えても、実際はどれだけ大変かとか、店長さんのお仕事がどれだけキツいかというのは、やっておられる方にしか分からないでしょうからねえ」

――名古屋という土地柄の面からの大変さみたいなものはありますか？

「私は他県の風俗というものを知らないので比較はできませんが、名古屋という土地は人口の割には店舗型、デリヘル、キャンパスパブ（名古屋ではピンクサロンをこう呼ぶ）などの風俗店が多いということが、私としてはネックというか、難しい街だなと思いますね」

——確かに、敵は極めて多い街ですよね。その中で生き残っていくためにやっておられることはありますか？

「特にはやっていないというか、当たり前のことしかしていないですね。女の子にはリピーターを掴んでもらうために頑張ってもらう。風俗店というのはリピーターがいてこそ経営が成り立つわけですから。私たちお店側も、女の子にフリーのお客さんをつけるために努力をする。それを積み重ねていくことしか今はしていませんけど、お店が一丸となって頑張っていくことだなと、最近しみじみ感じています」

一大イベントと風俗店の関係

このインタビューを行った２００５年の春というのは、冒頭でも触れた通り、愛知万博の開幕やセントレア（中部国際空港）の開港で名古屋ブームが巻き起こっているころだった。テレビでは頻繁に名古屋の情報が取り上げられ、全国から名古屋へ人が集まってくるという状況が風俗店にどのような影響を与えているのだろうかと気になったボクは、その辺りの事情を幸ママに聞いてみた。

「万博にお見えになるお客様の層が家族連れであったりとか、アベックであったりとか、そういった方が多いようならデリヘルの利用は期待できないですよね。飲食店やビジネスホテル、シティホテルなんかは景気がいいでしょうけど。だから、来られる方の層と目的、そして一緒に来られる方によると思いますね。それによって大きく左右されるんじゃないでしょうか。まだ始まったばかりですけど、ゆっくりと情勢を見たいと思います」

――名古屋に人が集まる一方で、博覧会の開催にあたって風俗への規制が強化されるとの指摘がありますけど、それについてはどう感じておられますか？

「違法なことは絶対にしない。それだけは強く心がけています。規制が始まってからはビラ撒きも一切止めました。以前はあれだけ大量に毎日ビラを撒いていましたが、今は1枚も撒いていません。それ以外は、特に注意はしておりません。まだ万博の効果がどれだけあるか分かりませんけれども、せっかくの機会ですので、経営者としてしっかりと見定めたいと思っています」

実は、後に幸ママから聞いた話では、万博は彼女の店にとって悪影響を及ぼし、この時期の経営状況は最悪だったそうだが、彼女の表情からはそれが微塵も感じ取れなかった。目の前の苦難を乗り越えてみせるという、幸ママの自信の現れだったのであろう。

100円玉200枚で支払う客

――幸ママが経営するお店に来た、初めてのお客さんというのは覚えていますか？

「よく覚えています。マンションの名前まで。他にもチラシを撒いているお店があるのに、なぜ当店を選んでいただいたのだろう？　と思いました。チラシがピンク色だからかな？　とか想像してみたりして。経営者的な発想ですよね。とにかく、とても嬉しかったですね」

続けて、幸ママは店を訪れた客のエピソードをいくつか話してくれた。

「箱のお客様は回転が早いからよほどのインパクトがない限りは覚えられませんけど、デリヘルの場合は、運転手と一緒に車に乗ってホテルやご自宅まで30分くらいの距離があるんです。そのときに、どんな方かな？　とかいろいろ考えますから印象に残りやすいんですよ。『あっ、ここは昨日私が撒いたマンションだ。うちのお店のチラシの何がよかったんだろう？』とかね。嬉しいものです。

頻繁にご利用してくださるお客様で『もし今日新人さんがいればお願いします』とか、特別タイプも何も言わずに『空いてる子がいればすぐ来てください』という方がいらっしゃって、その方には『今日はヒマだったので助かりました。交通費を１０００円安くさせていただきますので』とか、あるいは『次回、お友達とご利用されるときには料金を勉強させていただきます』というふうにお礼をさせていただいたりとかするんですね。

大したことではないですけれども、こんな小さいお店をご利用してもらったり、ご紹介していただいたりするんですから、そういったお客様には気を配っておりますねえ。でも、年に一、二度ご利用してくださるお客様ももちろん嬉しいですよ」

——逆に、困ったお客さんっていうのはいましたか？

「大昔ですけれども、プレイが終わった後にお金がないと言い出したお客様ですね。女の子には先に料金をいただくようにと指導をしているんですけど、つい忘れることもあるんでしょうね。それでプレイが終わった後に『ごめん！　お金がない。どうしよう』と。

その方は次の日に「すみませんでした。お金を取りに来てください」ってお電話がありましたので、料金をいただけなかったということはなかったんですけど、お金に関しては、ぜひ確認していただいてからお呼びくだされればと思いますね。

他には、これは困ったというわけではないんですけど、不景気な時期に2万円分を全部100円玉で支払われた方がおられましたね。『100円貯金で貯めたお金なんだろうな』と思いました。それを受け取る女の子も、数える運転手も大変なんですよね。

そして清算のときに数える私も大変で、３人の手がかかってるんですよ。そのときは笑えたんですけど、そうまでして呼んでいただいたお客様がおられたってことが嬉しいし、誇りに感じています」

インタビューの最後で、ボクは幸ママに今一番何がしたいかを尋ねてみた。

「今一番やりたいことは、休暇を取りたいですね。愛犬を田舎のほうへドライブに連れていってあげたいんです。好き放題遊ばせてあげて、美味しいものを食べさせてあげたい。パソコンも電話も何もない田舎でのんびり1ヶ月くらい過ごしたいです。

お店のことを本当に忘れてのんびりしようと思ったら、外国へ行ってしまうのが一番なのかもしれませんね。ただ、いろんなことを全部整理しておいて休むのならいいんでしょうけど、中途半端にそれをやると今まで築いてきたものが全部お釈迦になってしまうので、できないんですよ。

『ママ休んでください』って、周りが言ってくれることもあります。でも私は意地っ張りなものだから、逆に頑張ってしまう。疲れが顔に出てるんだろうなと思いますけど、気合いが入ってってしまうんです。当分休めそうもないですね（笑）」

2008年末、名古屋の経済は自動車業界の不振で深刻な状況に陥っている。失職したり、給与を大幅に減額された男性も少なくなく、簡単に遊びに金を使うことは厳しい状況だ。

こうした状況において、幸ママの経営する風俗店が、万博の際よりもさらに苦境に陥る可能性は否定できないだろう。

しかし、彼女はこれまでいくつもの困難と闘ってきた女傑である。おそらく長引くであろうこの不況もまた、持ち前の明るさとバイタリティで乗り切ってくれるだろうとボクは信じている。

ヒトミ

26歳
ソープ嬢

歌手から風俗嬢に転身

昨今では、ＡＶ出身のタレントや女優がテレビで活躍しているということは別段珍しいことではない。このような傾向が続けば、今後は、元風俗嬢だという芸能人が、その経歴を隠さずに出てくる可能性もあるのではないだろうか。

それとは逆に、かつて芸能界にいた者が風俗嬢に転身するというケースも当然ながら存在する。この項で取り上げるのは、かつて歌手として活躍していた経験を持つソープ嬢だ。

彼女は、自身のホームページで元歌手であることを公言し、それを自らの売りとしていた。自身が芸能界から退いたことを「歌手としての挫折」ではなく、「ソープ嬢としてのセールスポイント」と、むしろポジティブに捉えていたのである。

テレビアニメの主題歌を歌っていた

２００４年の早春、地元での取材の際にいつも使っているカラオケボックスの一室から、ボクはゲストへと電話をかけた。ゲストの名前はヒトミ（仮名）という。ヒトミは、横浜のソープランドに在籍するソープ嬢だった。

このときのボクにとっては、現役ソープ嬢へのインタビューも、そして関東の女の子へのインタビューも初めてのこと。地方の女の子へのインタビューから始めたこの企画も、ついに首都圏まで辿り着いたかと、ボクは感無量の心境にいた。

「もしもし、ヒトミです。今日は取材ありがとうございます」

数日前から風邪気味だという彼女の声は少しかすれ気味だった。悪い日を選んでしまったなと思う。

ヒトミは、いわゆる広告媒体の取材は初めての体験だという。インタビューの趣旨説明や打ち合わせをする間、電話の向こうから聞こえる彼女の声にわずかな緊張感が感じられた。

「歳は26です。もうすぐ誕生日なんですよ。２月24日です」

ボクの誕生日は２月23日で、偶然にも彼女の誕生日と１日違いである。「ボクはたぶんヒトミちゃんの誕生日を忘れないね」などといった話をしているうちに、彼女の声から少しずつ緊張感が薄らいできていることが感じ取れた。

――ヒトミちゃんが歌手になったのは、どういうきっかけだったの?

「友達とカラオケボックスへ行ったときに『オーディションやります』っていうレコード会社の張り紙が張ってあったんです。その場でテープをもらって録音して、そのままフロントへ出すっていう簡単なもので、それに友達と応募したんですよ。

それから半年くらいなんの音沙汰もなくて、私もすっかり忘れてたんです。そしたら、突然レコード会社から電話がかかってきて、『本来なら二次審査もあるんだけど、歌がよかったから』っていうことで、プロダクションやレコード会社と契約して、即仕事が入ってきたんですよ」

――曲はどんなジャンルだったの?

「アニメの曲でした。テレビで流れた曲もありますよ。3、4曲出したけど、メジャーからCD化されたのは2枚なので多くはないですね。1曲はテレビアニメの主題歌だったんですよ」

インタビューの録音を一旦止めたところでヒトミがしてくれた話にボクは驚いた。というのも、彼女が主題歌を歌ったアニメはなんとボクが毎週欠かさず見ていた番組で、しかも、あまりにいい主題歌だったためにボクはそのCDを買っていたのだ。

つまり、ボクはすでに彼女の歌声を繰り返し聞いていたのである。

「本当に華やかな世界でしたよ。自分がその世界の住人なんだって感覚には、最後までなれなかった。テレビアニメの主題歌を歌ったときには、（アニメの）原作者の先生のお宅へも何度かご挨拶というか遊びに行かせていただいたりして、夢の中にいるようでしたね」

家の借金がきっかけで風俗業界に入る

――どうして歌手を辞めてしまうことになったの？

「家に借金ができちゃったんですよ。それも、ちょっとやそっとじゃ返せないくらいの額の。いきなりお金に困ってしまって、家を売るかどうかなんて話にまでなって、一家総出でお金を稼がなきゃいけなくなったんです。風俗の世界に来ちゃった理由というのは、それもあったんです」

――その借金は無事返せたの？

「だいたい返せましたね。でも、もう少し残ってる。これも早く返したいと思ってるんですけどね」

この辺りで、彼女の口は急に重くなった。

「普通だったら私、風俗で働いてないいんじゃないかなって思うんですよ。これだけの借金を返さなきゃいけないから働いているけど。でも、頑張って働けば多額の借金でもちゃんと返せるっていうのは、風俗の世界の魅力だと思いますよ」

ヒトミは受話器の向こうでひとつフッと息を吐くと、元気を取り戻したのか、明るい声でこう続けた。

「今は楽しく仕事をしています。いろんな人に出会うことができるこの仕事は、好きですよ」

――ヒトミちゃんは、最初からソープランドに入ったの？

「いいえ。最初はＳＭクラブだったんですよ。雑誌を見ていたらエスコートレディの募集というのが載ってて、私は、それが飲み屋さんか何かだって思って面接に行ってしまったんですけど、実際に行ってみたらそこはマンションの一室で。私は、それまでそういう水っぽい仕事をしたことがなかったんですけど、話をされるがままにその日から働くことになってしまったんです」

――ＳＭに興味もないのに？

「はい。全然ないですね。ＳＭクラブでのプレイもＭのほうが多かったんですよ。それで体力的にしんどくて。たぶん、キツさでは究極の風俗だと思いますよ。だから半年ももたなかったですね」

ＳＭクラブで働いているからといって、彼女たちが皆ＳＭの嗜好を持っていると考えるのは間違いである。どんな業種にせよ、女性が風俗の世界に飛び込む理由はお金のためというのがやはり主流で、それはＳＭクラブでも変わらない。

むろん、エッチが好きで風俗に入る女性もいないということはなく、同様に、ＳＭが好きだからこそＳＭ系の風俗店に入店する女性も存在する。

しかしながら、セックスは好き嫌いに関係なく誰もが通る道であるのに対し、ＳＭは万人が経験するというものではない。Ｍ嗜好を持たぬ女性が、縛られ、吊るされ、ムチで打たれることを生業とすることに、どれほどの苦痛を伴うかは察するに余りあることだと言えよう。

「ＳＭクラブで働いているとき、お店に取材に来られていた風俗誌のカメラマンに、『ＳＭがキツかったらソープランドという手もあるよ』ってアドバイスを受けたんですよ。その人にいろいろと話を聞いてみると、ソープランドというのは自分が思っていたよりも安全な業種なんだってことが分かってきて。それで、自分でお店を探して面接を受けに行ったんです」

――でも、ＳＭも究極かもしれないけど、ソープランドもある意味究極じゃないですか。本番があるということについての抵抗感はなかったの？

「やっぱり最初はありましたね。元々、私は進んでた子ではなかったので、何をしたらいいのかってことも分からなかったし。でも、それまではもっとキツい仕事をしていたわけですから、本番があっても、それに比べればと思うと抵抗も消えちゃいましたね。ＳＭは

——本当に凄く辛かったので。
——それで、今のお店に？
「いいえ、今のお店は3件目。最初は川崎の堀之内のお店で、そこではナンバーワンにもなったんですよ。だけど、他の女の子に結構足を引っ張られてて、相当やられてたんです
よね。こっちは優しくしていても、向こうは違ったりするんで。
　それがあんまりひどいんで辞めちゃったんですよね。そしたら、『あの子は死んだ』っ
て言い振らされたらしくて。でも、たまたま私のお客さんがその場に居合わせて、『ひど
いんじゃない？』って言ってくれたそうなんですよ。お客さんが私をかばってくれたのは、
本当に嬉しかった」
――ソープランドは覚えなきゃいけないことがたくさんあって大変だと思うけど、仕事は
すぐに慣れました？
「いや、最初はオロオロするだけで、プレイも何もできなくて。マットも最初のころはそ
んな感じでしたけど、なんとかうまくなりました。今では、マットは割と好きな部類に入
ります。むしろ得意なくらい。
　以前働いていたお店にちょっと年配のお姉さんがいて、昔のマットを知っている人なん
ですよ。結構厳しいって有名だった人なんですけど、そのお姉さんに10日間ぐらいかけて
教え込んでもらって、基本的なことは完璧にできるようになりました。

私は見た目じゃ勝負できないんで、中身を鍛えないと指名を取れないなって思ってます。でも、実は今でもどうすれば指名が取れるかはよく分かってないと思う。だから頑張って努力するしかないですよね」

ヒトミは自身の容姿についてそのように語ったが、実際のところ、当時顔出しもしていた彼女はかなりの美人だった。雑誌やホームページを見て、あるいは店の待合室でフロントから提示される写真で彼女を指名する一見客は多かったと思う。

とはいえ、いくら多くの一見客を掴んだとしても、それだけでナンバーワンになることは不可能だ。ヒトミの言う通り、風俗の世界で「稼ぐ」ためには、リピーターを確保するためにはどうすればいいのかをよく考え、そのためにいかに努力を積み重ねられるかが重要になってくるのである。

ヒトミがとりわけ頑張ったのは、インターネットにおける宣伝活動だ。彼女は中古のパソコンを購入し、参考書を読みながら、かなり凝ったホームページを作っていた。その中で特に目につくのは、お弁当や料理のコーナー。ヒトミはお弁当や料理を作るたびにその過程を含めて写真を撮り、ホームページに掲載していた。

「小っちゃいころから料理が凄く好きで、よく怒られながら作ってましたね。隠れてひとりでケーキとか、いろいろと作ってました。火を使うものばかりなんで、危ないからやめなさいっていつも言われるんだけど作っちゃう。

でも、作った後に粉が散らばっちゃってるもんだから、内緒で作ってるのがバレて怒られて（笑）。今は住んでいる家がお店から距離があるんで毎日は作れないけど、ヒマがあれば作ってホームページに載せています」

ヒトミのホームページに掲載された料理やお菓子は、プロの料理とまではいかないまでも、家庭料理の範疇を超えた立派なものばかりだった。当時、ヒトミのホームページを見て、彼女の家庭的な一面に惹かれてファンになったという人も少なくなかったことだろう。

家族と相談してソープ嬢になったんです

「ホームページを作った理由は、私も何かしなきゃと思ったからです。一見のお客さんが全然来ない時代になっちゃって、指名がつかない、お客さんが来ない理由をお店のせいにばかりしていられない。

だから、ホームページを作ってもっと多くの人に私のことを知ってもらって、その中で少しでもいいからお店に来てもらえればなって思ったんですね。それに私には『顔出しできる』ってアドバンテージもあるし、それを武器に露出しない手はないって思ったから」

——ヒトミちゃんが顔出しできることについては、何か理由があるの？

この質問に、ヒトミは沈黙してしまった。そしてしばらく考え込んだ後、口ごもりながら言葉を発した。

「私がソープ嬢をしていることを、家族は知っているんです。普通じゃ返せない額の借金で、家も財産もすべてを手放そうって状況で、私が返すって言ったんですよ。家族からしたらどう考えたっておかしいじゃないですか。『どうやって返すんだ？』って。だから『風俗で働いて返します』って言いました。私は家族に相談してソープ嬢になったんです。それで、私は誰にも隠す必要がないから堂々と顔出しできるんです。それを武器にしない手はないと思って。でも、ソープで働くって言ったら、さすがに母には泣かれてしまいましたね」

借金の話、そして家族の話。ヒトミのバックグラウンドを知り、ボクは思わず沈黙してしまった。

「でも、『皆で頑張って借金を返していこうね』って、逆に家族の結束も強まったし、今は仕事も楽しくて仕方ないんで、今思えばこれでよかったと思います。先のことは分からないけど、来ていただいたお客さんに少しでも気持ちのいい時間を過ごしていただければいいなと、そのために頑張っていきたいと思っています。今はただそれだけですね」

ヒトミはその後もソープ嬢として頑張りながら、同時に司法書士を目指して専門学校へも通い始めたのだが、2年後、突如としてパニック障害を発症して入退院を繰り返すことになる。そして、2006年末にはついにドクターストップがくだされ、ソープ嬢を辞めて療養生活を送ることを余儀なくされた。

なんともやりきれない話である。ヒトミは、いつの日かもういちど復帰したいという希望をボクに語っていたが、残念ながら復帰したという話は今のところ聞こえてこない。

現在ではホームページも閉鎖してしまっているが、ボクは、いつの日かまた得意の料理を満載した彼女のホームページが見られる日を心待ちにしている。

おわりに

これまで、数多くのインタビューを通じ、ボクは、心や体を傷つけられた風俗嬢を数多く見てきた。

「金を払いさえすれば何をしてもいい」

風俗店を訪れる男性すべてがそうだというわけではないが、このような勘違いを犯す客は後を絶たない。

ボクが本書を記そうと決意した最大の理由はここにある。

再三の主張になるが、風俗嬢は「普通の女の子」なのだ。本書に記した女の子たちと皆さんの身近にいる女性たちは、本質的に全く同じだと言える。

仕事を終え、私生活に戻れば、彼女たちは誰かの恋人であり、妻であり、娘であり、友人であり、あるいは母親である可能性もあるだろう。

だからこそ、風俗嬢の客になり得る男性諸氏には、彼女たちを根拠なき偏見や侮蔑の目で見ず、彼女たちの心にわずかでも触れ、そして優しく接してもらいたいと願っている。

彼女たちは時に辛い思いをしながらも、夢を持って目標に向かい、一生懸命頑張っている。本書を通じ、それが読者に少しでも伝わればとても幸いだ。

本書では11人の風俗嬢のエピソードを掲載したが、ボクの風俗嬢へのインタビューは、これで終わりではなく、今後も、関東や関西のみならず全国の女の子を取材していくつもりだ。

その模様は『フーゾクリンクラジオ（http://fuzoku-link.jp/radio/）』を通じて配信していく。また、この番組は「iPod」などの携帯プレイヤーでも聴けるようになっており、さらにアップル社の「iTunes Store」からも購読登録が可能であるので、機会があればぜひ一度聴いてみていただきたい。

さて、本書は様々な方々のご協力の元に執筆することができた。まずは何より、インタビューにご協力いただいた風俗店、そして風俗嬢の皆さんに御礼申し上げたい。風俗嬢の皆さんに快くお話していただけたのは、各風俗店のご尽力の賜物である。

一方で、本書へのエピソードの掲載について快諾いただきながら、紙面の都合で今回割愛せねばならなかった方々については、この場を借りてお詫び申し上げたい。

ボクも本書の執筆で物書きとしての欲が出てきた。今回載せられなかった方々のエピソードについては、状況が許せば、また改めて執筆する機会を持ちたいと思っている。

作家の五島誠二氏にもご協力いただいた。同氏には、本書の出版元である彩図社を紹介していただき、大変感謝している。同じく彩図社から発行されている五島氏の作品『殺人病院（彩図社文庫・２００６）』は秀逸な作品であり、一読をお勧めしたい。

彩図社の担当編集者、本井氏及び北園氏にも謝辞を述べたい。本井氏の求める方向性にいかに応えるかが、ボクにとってまさしく闘いの場であった。また、ボクの文章を読みやすくしていただくのを手伝ってくれた北園氏にとって、その作業はきっと大変だったに違いない。

本書を執筆することで、ボクが少しでも物書きとして成長できているとするならば、それは両氏のおかげと言っても過言ではないだろう。

加えて、多くの仲間にも支えていただいた。老舗風俗サイト『東京トップレス』の工藤隆男氏。関西の風俗コーディネーターの松田遊人氏。大手風俗サイト『ラブギャラリー』のヘルス・フーガン氏。その他大勢の同業者、風俗店経営者の方々からも本書執筆にあたりさまざまなアドバイスをいただいた。

最後に、本書を手にとってくださった読者の皆さんに御礼申し上げたい。

本書を通じ、風俗業界の一端を垣間見、何か心に感じていただけたら幸いである。

本文中に掲載した11人の女性の年齢、及び職種は、インタビュー当時のものです。

タイクツさせない

彩図社文庫　好評既刊

信じていたらウソだった！　常識の〝新〟常識
知ったかぶりで
恥をかく　常識のウソ　改訂版
本体：571円＋税　常識のウソ研究会 編

アジアの素顔は、かなり怖い……
アジア裏旅行　180日間激闘編
本体：571円＋税　平間康人 著

古今東西の雑学を350収録
あなたの知らない　知識の博物館
本体：571円＋税　世界の雑学研究会 編

40万部のベストセラー、ついに文庫化
裏のハローワーク
本体：571円＋税　草下シンヤ 著

偉人たちの仰天臨終エピソードを収録！
トンデモ偉人伝　臨終編
本体：571円＋税　笠虎崇 著

事故れば地獄、その後の示談はなお地獄！
示談交渉人　交通事故の恐るべき舞台裏
本体：552円＋税　吉田透 著

これを読めばもっとオリンピック観戦が楽しめる！
知れば100倍
楽しめる　オリンピックの秘密
本体：590円＋税　瀧澤次朗 著

中国のトンデモエピソード集
トンデモ大国　中国の素顔
本体：590円＋税　トンデモ中国調査隊 編

地獄のドバイ拘留記
高級リゾート地で
見た悪夢　地獄のドバイ
本体：590円＋税　峯山政宏 著

知れば知るほど魅力が増す富士山のヒミツ
富士山99の謎
本体：590円＋税　小林朝夫 著

こんな神様いていいの？
トンデモ神様事典
本体：600円＋税　トンデモ神様追跡班 編

金で買えないモノはない
あなたの知らない　モノの値段
本体：571円＋税　気になるモノの値段調査隊 編

著者略歴

吉岡優一郎（よしおか・ゆういちろう）

1964年、東大阪市生まれ。

現在は岡山県井原市に在住。

広告代理店を経営し、風俗店検索サイト『全国風俗リンクセンター(http://fuzoku-link.jp/)』『デリデリジャパン(http://deri-deri.info/)』を運営。“イプシロン”の名前でインターネットラジオ番組『フーゾクリンクラジオ』のパーソナリティーを務める。

他に、ネットラジオ局『レディオ与一(http://radio-yoichi.com/)』では、局長として社会科学番組『ソサエティサイエンスジャーナル』を担当。

独身。彼女いない歴30年を超える……。

風俗嬢《ふうぞくじょう》のホンネ

2009年5月20日第1刷

著者　吉岡優一郎

発行人　山田有司

発行所　株式会社　彩図社《さいずしゃ》
〒170-0005
東京都豊島区南大塚3-29-9　中野ビル
TEL 03-5985-8213　FAX 03-5985-8224
URL：http//www.saiz.co.jp
郵便振替　00100-9-722068

印刷所　新灯印刷株式会社

ISBN978-4-88392-685-5　C0195